TRM

COMPUTER-KRIMI

Projekt Gedanken-schnüffler

G. P. JORDAN

Schneider-Buch

INHALT

Ein unerwarteter Gast

„Was soll das hier eigentlich?“ fragte Mike Benson, als er an diesem Morgen in die Küche kam. Seine Frau Laura blickte leicht irritiert vom Tisch auf, und er fuhr fort: „Ich wollte nur den Bildschirmtext der New York Times, aber statt dessen lese ich hier die Meldung ‚Streichen Sie die Platzkarte für die Tagung‘.“

„Mein Liebster, falls ich wirklich nicht wollte, daß du hingehst, würde ich dich selbst darum bitten, und außerdem benütze ich den Computer so früh noch gar nicht.“

Mike Benson nahm das Glas Orangensaft von der Theke. Er war ein großer sehniger Vierziger mit leicht angegrauten Schläfen, der immer noch die Figur eines jungen durchtrainierten Basketballspielers hatte. In seinem dunklen Anzug und dem wollweißen Hemd mit einer marineblauen Krawatte machte er sich fertig, um in seine Firma zu fahren, zum EDV-Beratungsbüro Bendatacon.

„Ich denke gar nicht daran, aus dem Haus zu gehen, bis

ich auf dem Monitor Nachrichten und Tele-Post durchgesehen habe", erklärte er. „Aber jetzt sag bloß, wer zum Teufel könnte ein Interesse daran haben, daß ich die Tagung absage?"

Ratloses Achselzucken bei Laura Benson – zwei Jahre jünger als ihr Mann, hatte auch sie sich für ihr Alter gut gehalten. Genügend Schlaf war für sie genauso wichtig wie täglich Sport zu treiben – und zwar nach Plan. Ihr rot-weißer Trainingsanzug, den sie heute morgen trug, war auch eher praktisch als elegant.

„Vielleicht will Tom dir was mitteilen", vermutete sie. „Immerhin möchte er zur wissenschaftlichen Ausstellung was Besonderes rausbringen."

„Hast du eine Ahnung, was er da ausbrütet?"

„Ich mußte ihm versprechen, daß ich es für mich behalte; du sollst es erst zu Gesicht bekommen, wenn er es ganz offiziell vorstellt", antwortete sie.

Mike lächelte vor sich hin und nahm einen Kleiekeks. Womit sein Sohn auch immer experimentierte, es würde sicher interessant sein. Für den Microcomputer hatte Tom sich schon interessiert, als er gerade imstande war, aufrecht zu sitzen. Zuerst hatte er sich den Joystick gegrabscht und bei allen Spielen auf den Anfängerkassetten so lange gewonnen, bis es ihn zu langweilen begann. Als er dann entdeckt hatte, wie die Tastatur funktioniert, taten sich für ihn Welten auf. Noch bevor er in die Grundschule kam, hatte er sich bereits Lesen und Schreiben beigebracht.

„Frühstückt er neuerdings nicht einmal mehr?" fragte Mr. Benson und schaute auf die Zahlen der Digitaluhr. „Vielleicht solltest du ihn doch wecken."

„Er ist weder in seinem Zimmer noch in euren geheiligten

Hallen." Damit spielte Laura auf den Raum hinter der Garage an, wo sich Tom und sein Vater eine Elektronikwerkstatt eingerichtet hatten, in der sie neue Geräte bastelten und durchtesteten.

„Wenn ich nur wüßte, was er jetzt wieder vorhat", murmelte Mr. Benson vor sich hin, wobei ihm sein eigentliches Problem wieder einfiel.

„Was soll bloß diese komische Mitteilung?"

Er beugte sich über seinen RND-Computer und tippte eine Anfrage ein. Dann ging er den Speicher der Eingangdatei durch, um herauszufinden, woher die eigenartige Aufforderung gekommen sein könnte.

„Vor zwanzig Minuten ist sie eingetroffen", brummelte er, „aber ohne Teilnehmerkennziffer." Das gefiel ihm ganz und gar nicht, denn ein anonymer Einbruch in ihr Heimcomputersystem war höchst ungewöhnlich. Deshalb ließ ihm der Vorfall keine Ruhe.

Mit dem Vista Phone meldete sich Mr. Benson nun bei dem Großrechner seines Büros an.

„Damit werde ich es schon herausfinden", dachte er laut vor sich hin.

In dem Augenblick huschten zwei Gestalten am großen Küchenfenster vorbei, und gleich darauf kamen Tom und sein Freund Rick mit einer länglichen Metallkiste herein.

„Hallöchen, wollte nur mal sehen, ob ihr noch pennt", ließ Tom sich munter vernehmen. „Außerdem braucht Rick ein Frühstück."

„Wohl schon das zweite heute?" frotzelte Mr. Benson den älteren Nachbarsjungen von gegenüber.

„Sagen wir, vorgezogenes Mittagessen", gab Rick lächelnd zurück. Er wuchtete die Metallkiste mit Tom zusammen hoch, und mit einem vernehmlichen Ruck setzten die beiden sie auf der Theke ab.

„Gebt euch bloß nicht zuviel Mühe, ihr beiden; auf einen Kratzer mehr oder weniger kommt es bei dem alten Stück weiß Gott nicht mehr an", entfuhr es Mrs. Benson leicht gereizt.

„Ich paß schon auf, Muttchen, erst recht wenn du da bist."

Für seine fünfzehn Jahre nahm sich Tom gegenüber seinen Eltern mitunter ganz schön viel heraus. Er war das einzige Kind, und beide, Vater und Mutter, hatten sich sehr intensiv um seine Erziehung gekümmert. Seinem Vater war Tom so verblüffend ähnlich geworden, daß Laura manchmal ihre Namen durcheinander brachte.

„Was für mich dabei in der Tele-Post?" erkundigte sich Tom.

„Darum konnte ich mich bis jetzt noch nicht kümmern. Aber kannst du mir vielleicht einen Gund angeben, weshalb ich nicht auf die Tagung soll?" Tom schaute etwas verwirrt und daran merkte der Vater, daß er doch erst erklären mußte, was geschehen war.

„Echt du, ich hab den RND schon mindestens zwei Tage überhaupt nicht benutzt", verteidigte sich Tom, „Rick und ich hatten voll zu tun."

„Ja, doch Mr. Benson, wir haben auf dem Tragbaren in der Werkstatt rumgehackt; der ist für unsere Versuche genau das Richtige."

„Deine Mutter meinte, du könntest vielleicht diese Anweisung eingegeben haben, damit ich hierbleibe – wegen der wissenschaftlichen Ausstellung," erläuterte Mike und erhob sich dabei langsam von seinem Stuhl. Im Aufstehen griff er nach dem Glas Orangensaft, setzte es aber nicht gleich an, sondern schaute zu den Jungen hinüber und fragte: „Wir wär's mit einer kleinen exklusiven Vorbesichtigung?"

„Wir brauchen noch ein paar Tage für den Feinabgleich."

Mr. Benson nickte verständnisvoll und wünschte den beiden noch einen schönen Tag. An der Haustür bückte er sich nach seinem schmalen Aktenkoffer, und da auch Mrs. Benson in die Stadt mußte, verließen sie gemeinsam das Haus.

Währenddessen hatten sich Rick und Tom am RND-Microcomputer zu schaffen gemacht, und obwohl sie bereits neue Befehle eingegeben hatten, tauchte immer noch die seltsame Meldung am Bildschirm auf.

„Da muß so etwas wie eine Verzweigungslücke sein", vermutete Rick. Bevor Tom mit seinen Gedanken herausrückte, spielte er noch ein paar kurze Tests durch. Das war es auch, was ihn am meisten an der Computerei faszinierte: immer wieder neue Lösungen unter Tausenden von Möglichkeiten zu entdecken und auf diese Weise Antworten auf Fragen zu erhalten, die sich noch niemand vorher gestellt hatte.

Rick wußte inzwischen, wann er auf keinen Fall stören durfte. Er war zwar größer und älter, hatte auch mehr Muskeln vorzuweisen als sein feingliedriger Freund, aber sobald es um wissenschaftliche Fragestellungen ging, sah er sich auf dem zweiten Platz, obgleich auch er Anwandlungen von Genialität zeigte. Doch oft mußte man ihn erst ermutigen, seinen Eingebungen auch zu trauen. Daß Rick und seine Schwester Mona in Mathe gut waren, wunderte allerdings niemanden; schließlich unterrichtete ihre Mutter dieses Fach an der High-School von Stanton, wo sie bei den Schülern recht beliebt war. Da sie im Nachbarhaus gegenüber wohnten, hatte es sich ergeben, daß die beiden viel mit Tom Benson zusammen waren und Anteil nahmen an seinen Entdeckungen in der Computerwelt.

„Das ist ja wie verhext“, fluchte Tom, während er die Tastatur bearbeitete. „Entweder kriege ich auf einen Befehl gar keine Antwort oder nur diesen verdammten Satz.“ Jetzt legte er doch eine Pause ein, um das Ganze neu zu überdenken. Seine dunklen blauen Augen wanderten über den Rechner, bis sein Blick an der Anschlußeinheit unter dem Drucker hängen blieb.

In Sekundenschnelle hatte er das Gehäuse geöffnet und fast gleichzeitig lagen die Innereien auf dem Boden.

„Ich werd das Gefühl nicht los, daß diese Botschaft hier gespeichert ist und genau von hier aus auch immer wieder eingeblendet wird“, sagte er.

„Und wenn aber nicht, kriegen wir noch einen viel größeren Verhau.“ Gerade als er die Relaisstecker herausziehen wollte, hörte er ein Klopfen an der Tür. Er war so überrascht, daß er die Leiterplatte fallen ließ.

„Rick, kannst du mal hingehen?“ Gleich darauf kam Mona Powell herein. Sie hatte dunkle Haare und wirkte etwas unscheinbar. Aber ihr scheues Lächeln und wie sie sonst so war, fand Tom sehr anziehend. Mona war genauso alt wie er, also ein Jahr jünger als ihr Bruder. Mitunter konnte Tom sich die Bemerkung nicht verkneifen, daß der Familienname zum Glück das einzige wäre, was sie mit ihrem Bruder gemein hätte.

„Aha, kaum sind deine Eltern weg, da nehmt ihr den ganzen Laden hier auseinander“, bemerkte sie trocken, nachdem sie die herumliegenden Einzelteile erblickt hatte.

„Wir suchen einen Fehler, Schwesterherz", konterte Rick und setzte ihr auseinander, worum es ging, während Tom weitertestete. Als er nicht mehr weiterkam, setzte sich Mona vor den Computer, drückte die Taste für den Eingabebefehl, woraufhin das Gerät plötzlich wieder zum Leben erwachte und die Compu-Print-Nachrichten Meldung für Meldung auf dem Bildschirm aufleuchteten.

„Wie hast du das denn geschafft, hey?" staunten die beiden Jungen.

„Ganz einfach" gab Mona zurück und bewegte ihren Zeigefinger auf und ab. „Der wollte eben mal von einer Frau angefaßt werden." Noch während die Jungen mit einem milden Lächeln diesen Volltreffer zu überspielen versuchten, der ihnen insgeheim imponierte, machte der Rechner schon wieder dicht.

„Da habt ihr's, ihr braucht eben ab und an eine Lektion", grinste Mona.

„Ich komm schon drauf, egal ob..." kündigte Tom an, brachte aber den Satz nicht zu Ende.

„Egal ob was?" hakte Rick nach.

„Egal, ob es dich fertigmacht." Jetzt ging es gegen Rick. Mit Tom verband Mona der Sinn für bissigen Humor, vielleicht um ihre Verletzlichkeit zu überdecken.

Nach weiteren zehn Minuten am RND-Computer gab sich Tom geschlagen.

„Nicht zu fassen", stichelte Mona, „unser Genie weiß nicht mehr weiter."

„Wartet nur", murrte er zurück – „Ich hab's! Wir nehmen meinen Tragbaren und machen ein paar Abfragen." Nachdem er diese Idee auch Rick schmackhaft gemacht hatte, bewegten sie sich in Richtung Werkstatt. Mona blieb auf dem Drehstuhl sitzen, weil sie hoffte, selbst auch einen Test durchlaufen lassen zu können, als plötzlich jemand ihren Namen flüsterte.

„Psst, hierher!“ hörte sie Tom aus der Küche. Seine Stimme klang ziemlich aufgeregt. Auf dem Weg durch den Flur sah sie, wie ihr Bruder und Tom vor dem Küchenfenster kauerten und vorsichtig hinausspähten.

„Runter, Mona“, zischte Tom, „sonst sieht dich der Typ!“

Mona schaute vorsichtig durch das rückwärtige Fenster zur Garage hinüber. Dort war ein Fremder mit Nadelstreifenanzug und dunkler Brille gerade dabei, die Werkstatt zu betreten. Tom gab den Geschwistern ein Zeichen, ganz still dort zu bleiben, wo sie gerade waren und schlich zur Hintertür. Er hoffte nämlich, den Eindringling zu überrumpeln. Rick jedoch schlich nun hinter ihm her. Während die beiden durch den Hinterhof auf die Werkstatt zukrochen, wagte es Mona, ihren Kopf über die Fensterbank zu heben. Der Mann stand Gott sei Dank mit dem Rücken zu ihnen.

Gerade als Rick sich auf den Fremden stürzen wollte, hörten sie aus dem dunklen Labor ein furchterregendes Knurren, und plötzlich sprang ein schwarzbrauner Dobermann mit drohend gefletschten Zähnen Rick an.

Der Diebstahl

Der Dobermann warf Rick zu Boden. Er wand sich und versuchte, seinen Fuß gegen die Kehle des Tieres zu drücken. Ein spitzer Schrei trieb Mona in den Garten hinter dem Haus. Der Fremde mit der Sonnenbrille näherte sich dem Knäuel am Boden. „Stopp, Prince, bei Fuß", rief er. Augenblicklich ließ der Hund von Rick ab und trabte zu seinem Herrn, der zweimal kurz mit den Fingern geschnippt hatte. Tom und Mona rannten auf Rick zu und wollten helfen. Bis zu diesem Augenblick hatten sie wie gelähmt dagestanden. „Entschuldigt bitte sein Verhalten!" Das fiel den Freunden denn doch etwas schwer, zumal der Fremde jetzt auch noch den Kopf des Tieres liebevoll tätschelte. „Prince ist darauf trainiert, mich zu führen, aber auch, mich im Notfall zu verteidigen."

„Was müssen Sie denn hier herumschleichen, wer gibt Ihnen das Recht dazu? Von wegen verteidigen!!" Ricks Stimme überschlug sich fast vor Wut.

„Diese Bestie gehörte eingesperrt!", fauchte Mona.

Nachdem Tom sich überzeugt hatte, daß Rick nicht verletzt war, sah er sich den Fremden genauer an. Er mußte so um die Fünfzig sein. Für das sonnige Wetter heute wollte der dunkle Anzug nicht so recht passen. Wenn er sprach, hörte man einen europäischen Akzent heraus, schwach zwar, aber immerhin wahrnehmbar. Tom hakte noch einmal nach. „Sie erwähnten, der Hund sei darauf abgerichtet, Sie zu führen?"

Der Fremde machte einen kleinen Schritt, blieb an der Schwelle hängen und wäre beinahe hingefallen. Unwillkürlich bewegte sich Tom auf den Mann zu, um ihn aufzufangen, doch der Dobermann ließ ein Knurren hören, auf das hin Tom wie angewurzelt stehen blieb. Irgendwie hatte der Mann den Türrahmen erwischt und hielt sich daran fest. Nun erkannten auch die beiden anderen, was Tom bereits vermutet hatte: Der Fremde war blind.

„Richtig, Prince ist ein Blindenhund. Er führt mich, und wenn ich bedroht werde, geht sein Beschützerinstinkt mit ihm durch."

„O ja, das haben wir ja ziemlich hautnah mitgekriegt, doch weshalb wollten Sie denn hier herein?"

„Deinem scharfen Ton nach mußt du Tom Benson sein."

Bei Mona und Rick wirkte noch der Wortwechsel nach, während Tom den Fremden einfach nur fixierte, und zwar mit einer Miene, die keinerlei verbindliches Geplauder versprach. Da Tom nicht antwortete, schlurfte der Fremde ein paar Schritte auf die Freunde zu, aber nicht allein, sondern mit dem Dobermann bei Fuß. Ein sechster Sinn lenkte seine Schritte in Richtung Tom und ließ ihn die Hand zu der überfälligen Begrüßung und Vorstellung ausstrecken.

„Ich bin Williard Stong und habe schon seit einiger Zeit nach einer passenden Gelegenheit gesucht, dich kennenzulernen."

„Oh, danke, ist ja alles schön und gut, Mr. Stong, nur, es erklärt immer noch nicht, weshalb Sie hier aufkreuzen und noch dazu mit so einer Bestie von Hund, die beinahe meinen Freund verletzt hätte."

„Dafür bitte ich nachträglich noch mal um Vergebung. Und – bitte, sagt Williard zu mir. Wie ihr im übrigen gleich hören werdet, gibt es gewichtige Gründe für meinen, na, sagen wir es ruhig: Überfall. Also, können wir irgendwo in Ruhe sprechen?"

Tom führte Mr. Stong zur Veranda hinter dem Haus, wo es angenehm schattig war. Mona, Rick und der mittlerweile friedliche Dobermann kamen hinterher. Angesichts der heftigen Begegnung mit Stongs Begleiter behielt Rick das Tier im Auge. Obwohl es jetzt seinem Herrn zu Füßen lag und ruhig vor sich hindöste. Rick setzte sich neben Mona auf die Bank, und alle drei warteten nun gespannt darauf, was der Fremde wohl erzählen würde.

Mehr als eine Stunde war vergangen, in der die Freunde wie gebannt zugehört hatten. Stong hatte berichtet, wie er eine Reihe merkwürdiger Nachrichten in einer Teledatenagentur der Regierung abgefangen hatte, deren Inhalt auf Forschungsprojekte bezogen war, die von einer Firma in Stanton durchgeführt würden. Den Namen des Unternehmens hatte Tom wohl schon gehört, wußte aber nichts Näheres über die Firma, die sich ja auch erst vor einigen Monaten hier niedergelassen hatte. An eine Anzeige von Megadapt konnte er sich jedoch erinnern; sie war ihm aufgefallen, weil darin beteuert wurde, die Forschungsarbeiten des Betriebs fänden keinerlei militärische Anwendung.

„Tja, und ich habe herausgefunden, daß gerade dies nicht zutrifft."

Einen Augenblick war es ganz still. Tom sprach aus, was auf der Hand zu liegen schien. „Das heißt also, wahrscheinlich arbeitet Megadapt an einem höchst geheimen Auftrag und behauptet das Gegenteil, um abzulenken", vermutete er.

„Unwahrscheinlich ist es nicht, denn immerhin gibt es hier in der Umgebung über hundert Firmen, die sich mit der Entwicklung neuester Technologien beschäftigen, sozusagen high-tech in Reinkultur. Und wenn von seiten der Regierung etwas geheimgehalten werden soll, nun ja, das ist wohl der Preis für unsere Sicherheit."

„Aber wenn diese Projekte nicht für unsere Regierung durchgeführt würden?"

Rick und Mona ließen sich kein Wort entgehen. Sie mußten zwar erst mal schlucken, aber aufregende Situationen gehörten schon fast zur Geschichte ihrer Freundschaft mit Tom Benson. Eins vor allem hatten sie im Lauf der Zeit begriffen: Geduld zahlt sich nicht nur in der wissenschaftlichen Arbeit aus, sondern auch bei Nachforschungen. Tom war ohnehin der Ansicht, daß beides nach ähnlichen Gesetzmäßigkeiten abliefe. Man müsse eben erst eine ganze Weile experimentieren, bis sich das Gesuchte allmählich abzuzeichnen beginne.

Offenbar hatte es für den Blinden etwas Beruhigendes, den Kopf seines Hundes zu tätscheln, denn es fehlte jegliche Erregung in seiner Stimme, als er nun erzählte, von dem Interview im Satellitenprogramm gehört zu haben, das in der Reihe „Computer-Brennpunkt" gesendet wurde. Es ging um die Geschichte, die sich während eines Computerworkshops im Sommer zugetragen hatte – das Geheimprogramm Bienenstich. Ein Wissenschaftler war verschwunden, nachdem er seine Forschungsarbeit über den Einsatz von Biochips in Bienen für eine Art künstliche Bestäubung abgeschlossen hatte. Agenten einer feindlichen Macht hatten sich eingeschlichen, um die Entdeckung für sich zu nutzen. Mit Ricks und Monas Unterstützung war es Tom damals möglich geworden, die Behörden zu alarmieren.

Dies war das bislang letzte Abenteuer des Trios „TRM“, wie die drei Freunde nun mittlerweile in der Presse hießen, für die klar war, daß sie auf dem Bereich der Mikroelektronik als kleine Genies galten.

„Ich mußte euch aufsuchen, um mir das mal von der Seele zu reden.“ Mr. Stong erhob sich und fügte noch hinzu: „Und bitte, was ich euch erzählt habe, muß unter uns bleiben. Ich melde mich morgen wieder.“ Stong bat Tom, ein Taxi zu rufen. Er hatte Ricks Angebot, nach Hause gefahren zu werden, nicht annehmen wollen. Er sei ja schließlich nicht hilfsbedürftig. Gemeinsam begleiteten sie Mr. Stong hinaus auf die Straße, der noch einmal auf unbedingte Geheimhaltung drang. Da fuhr auch schon der Wagen vor, der Dobermann sprang auf den Rücksitz, und Stong setzte sich neben den Fahrer. Die drei Freunde waren jetzt wieder allein.

„Was sagt ihr dazu?“ Monas Stimme klang belegt vor Aufregung. Tom und Rick schauten noch dem Wagen nach. Versunken in die eigenen Gedanken bewegten sich die drei wieder aufs Haus zu. Bald jedoch sollte sich zeigen, weshalb Williard Stong unbedingt mit Tom hatte sprechen wollen. Im Augenblick gewannen jedoch die leiblichen Bedürfnisse Oberhand. Rick eröffnete den beiden anderen, daß in seiner Magengegend einiges in Aufruhr sei.

„Und ich hatte schon gedacht, es würde sich ein Gewitter

ankündigen", lachte Mona zurück.

„Wenn ich nicht bald was zwischen die Zähne kriege, gibt's auch eins."

In der Einfahrt gegenüber hielt der braune Kombi der Powells, und im Nu war Mrs. Powell von dem Trio umringt.

„Liebste Mama, du kommst gerade zur rechten Zeit."

Mrs. Powell kannte dieses Grinsen in Ricks Gesicht und mußte lächeln. „Laß mich mal raten..." Dabei griff sie liebevoll an Ricks Bäuchlein. „Aha, der Hunger meldet sich."

„Du hast es klar erfaßt."

„Aber vielleicht solltest du vorher noch ein wenig vom Frühstück abarbeiten." Mrs. Powell öffnete die Schiebetür des Wagens und zeigte auf die Einkaufstüten. „Ich kann die Dinger nicht mehr sehen."

Während Mona und ihre Mutter in der Küche auspackten und dabei ihr Pläuschchen hielten, ging Rick mit Tom in sein Zimmer. Rick hatte die Wände mit Dämm-Material ausgekleidet, damit er niemanden mit seiner lauten Musik störte. Überhaupt konnte Rick in seinem Reich die totale Multimedia-Show auffahren. Alles, was er über Laserdiscvideo laufen ließ, war auf den Bildschirmen der vier Uraltglotzen zu sehen, die er an einen gebrauchten Beamer angeschlossen hatte. Tom amüsierte sich jedesmal von neuem darüber, daß Rick sich doch tatsächlich mit ihm unterhalten wollte, obwohl hier alles volles Rohr dröhnte und auf der großen Projektionswand die Bilder flimmerten.

In der Zwischenzeit hatte Kay Powell Gemüse geputzt, das Fleisch gewürzt und die Töpfe in den Mikrowellenherd geschoben. Währenddessen war ihr das etwas seltsame Verhalten der Bensons von vorhin auf der Straße nicht aus dem Kopf gegangen. Aber vielleicht hatte Mona von irgendwelchen Problemen Wind gekriegt. Seit Jahren wohnten die beiden Familien einander gegenüber und waren recht vertraut geworden. Besonders seit Monas und Ricks Vater seine Frau verlassen hatte. In dieser Zeit hatten sich die Bensons um Kay Powell gekümmert und ihr dabei geholfen, sich in der neuen Situation zurechtzufinden. So hatten die Bensons Kay Powell ermutigt, wieder Mathematik zu unterrichten.

Auf die Frage ihrer Mutter, ob irgendwas los sei bei den Bensons, meinte Mona: „Hab nichts gehört, die sind so glücklich wie eh und je."

„Schon, ich weiß, sie wirken immer so", räumte Kay Powell ein. „Aber vorhin ist was Eigenartiges passiert. Als ich nämlich aus dem Supermarkt kam, fuhren sie in ihrem Wagen vorbei. Du weißt, ich fahre ja nicht gerade sehr flott..."

„Wie mein Bruderherz beispielsweise", warf Mona dazwischen.

„Nun ja, also wir hatten die gleiche Richtung, und ich versuchte, neben die Bensons zu kommen. Ich hupte ein bißchen und winkte ihnen zu, ein paar Leute schauten, als sei ich in wer weiß was für ein Fettnäpfchen getreten. Aber immerhin sind sie unsere Nachbarn. Jedenfalls haben sie nicht reagiert, vermutlich waren sie sehr vertieft in das Gespräch mit dem Mann, der auf der hinteren Sitzbank saß – was weiß ich."

„Tom hat erzählt, sein Vater stünde zur Zeit unheimlich im Streß. Ich würd mir da nichts denken. Und wenn wir jetzt nicht bald das Essen fertig haben, redet Rick nicht mehr mit uns, Mami."

Später bei Tisch genoß Mrs. Powell das Essen so sehr, daß sie sich nicht weiter um den Vorfall bekümmerte, geschweige denn bei Tom nachgebohrt hätte, wie er denn das Verhalten seiner Eltern deuten würde. Außerdem hätte sie sich wieder Toms Auslassungen über die Wahrscheinlichkeitstheorie anhören müssen, die fast während jeder Mahlzeit diskutiert wurde, wenn Tom mitaß. Mrs. Powell und Mona hatten mittlerweile eine gemeinsam formulierte These in die Wahrscheinlichkeitsdebatte eingebracht: Je aufregender die aktuelle Situation der Freunde war, um so eher könne man damit rechnen, daß Tom nicht sein Lieblingsthema anschneiden würde.

Als er sich erhob, bedankte sich Tom bei Mrs. Powell für das Essen. Während Tom die Straße überquerte, fiel ihm Stong wieder ein, und er war gespannt, wann er sich wieder melden würde. Der Blinde schien ihm zwar vertrauenswürdig zu sein, doch irgend etwas an der Geschichte machte ihn stutzig.

Im elterlichen Wohnzimmer mußte Tom zunächst mal achtgeben, daß er keines von den Teilen zertrat, die noch überall herumlagen. Er ging auf den Monitor des RND-Computers zu, auf dem zu seiner Verwunderung eine farbige Grafik sich nach dem Zufallsprinzip immer wieder veränderte – die Meldung von heute morgen ‚Streichen Sie die Platzkarte für die Tagung' war endlich verschwunden. Er überlegte einen Moment und griff sich eine Diskette mit einem Tracing-Programm, um damit den ganzen Vorgang

Schritt für Schritt zu verfolgen und als Prüfbericht abzuspeichern.

Bald drauf kam Rick rüber. Da es ihm wichtig war, mit den Versuchsreihen für die Wissenschaftsausstellung weiterzukommen, war er froh darüber, daß Tom am RND saß. Rick wollte auch gleich weitermachen und aus der Küche den ovalen Metallkasten holen, kam aber schnell wieder. „Sag mal, wo hast du ihn denn versteckt?"

„Wen versteckt?" Tom begriff nicht gleich.

„Na, unser nobelpreisverdächtiges Gerät."

Wie ein Pfeil schoß Tom in die Küche. Ein Blick auf sein Gesicht, und Rick wußte, was passiert war. Der Metallkoffer war verschwunden. Gleichzeitig riefen sie, schrien fast: „Williard Stong!"

In der Höhle des Löwen

Wie betäubt bewegte sich Tom durch den Hausflur, drückte auf dem Vista Phone die Funktionstaste für eine Gesprächsverbindung mit der Stantoner Taxigesellschaft. Sekunden später meldete sich der Verwalter: „Stanton Checkered“, und nachdem er den Positionsmelder abgelesen hatte: „Sie rufen vom Matrix Boulevard 208, wohin möchten Sie gefahren werden?“

„Ich würde nur gern wissen, wo der Mann ausgestiegen ist, den Sie vor etwa einer Stunde hier abgeholt haben.“ Der Verwalter gab die Frage in den Terminal ein. Er tat dies dermaßen langsam, daß er entweder sehr müde oder von seinem Job unsäglich angeödet sein mußte.

„Der Fahrgast mit Blindenhund wurde zur Megadapt-Forschungsabteilung befördert, die...“

„Okay, danke, das war's schon, was ich wissen wollte“, unterbrach Tom.

„Keine Ursache“, kam es aus dem Bildschirm.

Stong hatte sich offenbar gleich auf den Weg zu dieser Firma gemacht, von der er die merkwürdigen Dinge berichtet hatte. Dies zum einen – andererseits war der Metallkoffer mit dem Gerät für die wissenschaftliche Ausstellung unauffindbar, seitdem Stong die Freunde verlassen hatte. Diese beiden Dinge, so schien es, würde er ihnen wohl erklären müssen.

Tom beschloß, erst noch einige Vorsichtsmaßnahmen zu treffen, bevor er sich daran machte, Stong nachzuspüren. Rick eilte Tom in die gemeinsame Werkstatt nach, die früher den Bensons als Garage gedient hatte. Tom ließ seinen Blick über all die Geräte schweifen, die hier herumstanden. Er ging auf die hintere Werkbank zu und nahm ein EPROM aus dem UV-Löschgerät.

„Erst will ich noch mal speziell Mr. Chips programmieren. Schließlich können wir es uns nicht leisten, daß wieder ein beliebiger Typ hier reinspaziert und sich einfach bedient." Rick konnte da nur zustimmen. Währenddessen klemmte Tom den Chip in den dafür vorgesehenen Programmiersockel und ließ die neue Routine laden.

„Genau, es liegt einfach zu viel rum, als daß wir das Ganze ohne Aufsicht lassen könnten. Außerdem haben wir für keines dieser Geräte ein Patent."

Bei der Werkbank stand ein kleiner Hausroboter. Er war aus übriggebliebenen Teilen und aus Testhardware zusammengebaut worden. Die Freunde nannten ihn liebevoll ‚Mr. Chips'. Obwohl seine Aktivitäten von einem Mikrochip-Speicher gesteuert wurden, wirkte er oft so, als hätte er doch so etwas wie Gefühle. Für die Bensons hatte Mr. Chips all die Eigenschaften eines Familienmaskottchens, doch eine seiner Hauptaufgaben bestand darin, das Haus zu bewachen. Tom tauschte die Fotodetektoren gegen neue, leistungsfähigere Typen aus.

„Halt mal bitte", wandte sich Tom an Rick. „Ich setze ihm jetzt das neue EPROM ein."

Vorsichtig drehte Tom den Roboter zur Seite und öffnete die vordere Gehäuseabdeckung. Während Rick Mr. Chips festhielt, hatte Tom das neue Stück rasch in den freigebliebenen Stecksockel gedrückt, und der Roboter konnte seine Tour antreten. „So, alter Junge, sei schön wachsam", zwinkerte Rick dem elektronischen Wächter zu. Dann brachten sie ihn ins Haus und stellten den Regler für die Zeitschaltuhr. Tom mußte sich immer noch vorsichtig zwischen den herumliegenden Bauteilen hindurchbewegen und nahm sich vor, doch endlich aufzuräumen, sobald er wieder zurück sein würde.

„Was hast du damit vor?" Rick meinte die graphischen Muster, die über den Monitor des RND liefen.

„Weiß ich jetzt auch noch nicht, aber ich hab das Gefühl, daß sie aus der gleichen Quelle stammen wie diese Nachricht heut morgen für Pa." Tom nahm die Schatulle mit den beiden Ferngläsern, und durch die Hintertür verließen beide das Haus, dessen Eingänge nun durch elektromagnetische Felder gesichert waren.

Während Tom sich noch angurtete, stieß Rick schon mit dem Sportwagen auf die Straße. Da Rick gern mit Bleifuß fuhr, fühlte Tom sich erst nach dem Anschnallen wirklich sicher.

Als Rick auf die Schnellstraßenausfahrt zuschoß, konnte Tom die Häuser und Bäume am Straßenrand schon nicht mehr einzeln wahrnehmen. Er genoß es jedesmal von neuem, auf der sanft ansteigenden Straße dahinzufahren. Von hier oben war Stanton mit seinen im Sonnenlicht gleißenden Glasflächen und Stahltürmen zu sehen, die aus der grünen Weidelandschaft der umliegenden Farmen hervortraten. Noch vor zehn Jahren war Stanton eine typisch ländliche Ortschaft mit einem einzigen Supermarkt, einer Post und einer kleinen Anzahl von Einfamilienhäusern drum herum. Dann setzte der Boom der Mikroelektronik ein, und Hersteller neuester Technologien suchten händeringend nach mehr Platz für ihre Produktionsstätten und Lagerräume. Die Städte konnten dafür keine Flächen mehr bereitstellen, und so blieb als einzige Ausweichmöglichkeit, sich im Umland auszubreiten. Einige der kleineren Farmer nutzten die Gelegenheit, ihre Äcker als Bauland gewinnbringend zu verkaufen. Die übriggebliebenen konnten gleichfalls Nutzen aus der neuen Entwicklung ziehen. Mit Hilfe moderner Maschinen produzierten sie nun so kostengünstig, wie sie es nie zu träumen gewagt hätten.

Oft ging es Tom durch den Kopf, daß er gern in Stanton lebte. Er war zwar fasziniert von allem, was mit Elektronik auch nur im entferntesten zu tun hatte. Aber häufig spürte er das Bedürfnis hinauszufahren und sich in der guten Luft der Umgebung zu bewegen. Immerhin war er in der glücklichen Lage, es sich aussuchen zu können, wo er seine Freizeit verbrachte: in seinem kleinen Technoparadies oder inmitten von Wiesen und Feldern. Für ihn war beides gleichermaßen wichtig – Computer und Kühe.

„Wir sind gleich da", unterbrach Rick die Gedankengänge seines Freundes und zeigte auf das Firmenschild von Megadapt Research, das man schon an der Ausfahrt sehen konnte. Auf dem Seitenstreifen hielt Rick an. Von hier aus konnten die beiden recht gut das Firmengelände beobachten. Es war von einem drei Meter hohen Zaun umgeben, der offenbar elektrisch geladen war. Zwischen den beiden Hauptgebäuden lag ein Parkplatz, und von einem Häuschen aus wurden Ein- und Ausfahrten überwacht.

„Nichts Besonderes – sieht aus wie alle anderen auch", maulte Rick leicht enttäuscht. Tom versuchte, ihn zu trösten: „Das tun sie doch alle aus der Ferne. Nur wenn wir reingehen, können wir feststellen, was da läuft." Diese

Vorstellung löste bei Rick ein nervöses Lachen aus.

„Und du meinst, du sagst denen, wie du heißt, und sie lassen dich dann einfach so passieren?“ Tom ließ sich von Ricks Ironie nicht beirren, sondern bekam seinen konzentrierten Blick. „Genau das, mein Bester, werd ich tun.“

„Und weshalb nimmst du eigentlich an, daß die dich durchlassen, etwa wegen deiner blauen Strahleaugen? Für mein Gefühl stehen wir vor einem Gelände, wo alles so geheim ist, daß die Leute nicht mal ihr eigenes Geburtsdatum wissen dürfen.“

Tom ließ sich immer noch nicht einschüchtern, statt dessen zeigte er auf eine Tür an der Rückseite eines der Gebäude, die gerade geöffnet wurde. Von dem Gesicht des Mannes konnten sie nicht viel sehen, aber den Hund erkannten sie.

„Von mir aus halt mich für ’ne Memme“, preßte Rick zwischen den Zähnen hervor, „aber einmal pro Tag ist meine absolute Obergrenze für diesen Killerköter.“

„Hey, du, der kann doch nichts dafür, der gehört doch zur Wachmannschaft von Megadapt.“ Sie sahen, wie der Hund auf die Längsseite des Gebäudes zulief. Als sie gerade zum Wagen zurückwollten, wurde die Tür noch mal geöffnet, und diesmal trat ein Mann heraus. Tom öffnete die Schatulle, nahm das Optoskop, eine miniaturisierte elektronische Vario-Telekamera, heraus und zoomte auf den Mann. „Ich glaub, mich tritt ein Pferd“, flüsterte Tom. Der Mann, der den Kopf des Hundes tätschelte, trug eine Brille mit dunklen Gläsern. Tom war gerade noch geistesgegenwärtig genug, um den Auslöser für die Bildspeicherung zu drücken. Dann gab er Rick das Optoskop. „Williard Stong“, hauchte er. „Und festgehalten für die

Nachwelt", dabei tippte Tom auf den Apparat, „oder als Beweismaterial."

Dann setzten sich die Freunde wieder in den Wagen, und an der nächsten Kreuzung, an der Rick halten mußte, nahm Tom einen metallenen Clip aus dem Reisesack. Er zog einen Schuh aus und versuchte, den Clip unterzubringen.

„Tom – dieser Hund – ich möchte lieber nicht näher ran."

„Bleib du mal draußen, ich geh allein. Laß mich dort an der Ecke raus."

„Einfach so, ohne was?" Rick schüttelte den Kopf. „Bist du wahnsinnig?"

„Dann bleib du doch hier auf Posten und sieh dir das Ganze von außen an." Insgeheim fühlte sich Tom gut nach dieser überlegten Reaktion. „Vielleicht wäre es besser, du würdest bis hinter die Biegung dort zurückfahren und – keine Sorge, ich hab den Piepser mit." Dabei klopfte Tom mit drei ausgestreckten Fingern auf den Knöchel seines linken Fußes. In dem Schuh steckte der Piepser.

Wie verabredet wendete Rick an der nächsten Ampel und steuerte seinen Beobachtungsposten an. Tom näherte sich unterdessen dem Kontrollhäuschen am Eingang zu Megadapt. Er mußte schon tief durchatmen, um seine Aufregung unter Kontrolle zu halten. Dann zog ein Firmenwagen Toms Aufmerksamkeit an – so war er wenigstens etwas abgelenkt. Der Fahrer bekam das O.-K.-Zeichen und konnte passieren. Rick hatte recht mit seiner Vermutung, dies hier sei streng geheimes Gelände. Hier durfte offensichtlich keiner durch, ohne genau kontrolliert zu werden.

„Was willst du denn hier?" schnauzte der junge Pförtner

Tom an. Ohne sich davon auch nur im geringsten aus der Ruhe bringen zu lassen, antwortete Tom: „Ich möchte Mr. Williard Stong sprechen."

„Dein Name?"

Tom solle warten, meinte der Mann und gab Toms Wunsch durch die Wechselsprechanlage der Wachkabine. Die verdeckten Überwachungskameras an den Gebäuden ringsum hatte Tom bereits entdeckt. In der Pförtnerloge war auf einem der Kontrollbildschirme ein Stück vom Schutzzaun zu sehen, und dort, wo er den Boden berührte, hingen einige tote Kaninchen in den Maschen. „Ganz schön scharf bewacht", ging es Tom durch den Kopf, während er den elektrisch geladenen Zaun betrachtete. Jetzt kam der Pförtner mit einem blauen Metallplättchen. „Das hier mußt du ans Hemd stecken, sonst könntest du hier Ärger kriegen." Tom hatte verstanden, der Typ hielt sich für gekonnt ironisch und grinste selbstzufrieden. „Du kannst jetzt rübergehen zum Block A, Eingang E-3."

Mit der blauen Ausweiskarte passierte Tom die Drehtür für Fußgänger und gelangte so auf das Werksgelände. Drüben an der Schnellstraßenabfahrt gewahrte er Rick und fühlte sich dadurch doch etwas sicherer. Rick winkte, aber Tom wollte nicht reagieren, weil er befürchtete, Verdacht zu erregen.

E-3 war eben jene Tür, durch die Stong und sein Hund vor einer Weile gekommen waren. Als er klopfte, glitt die Tür zurück. „Hier herein, Mr. Benson", hörte Tom einen weiteren Werkschutzangestellten sagen. Er bemerkte einen hochfrequenten Ton, der so unangenehm war, daß Tom sich die Ohren zuhalten mußte, obwohl er in der Hinsicht ganz geländegängig war. „Daran wirst du dich schon noch gewöhnen", kam es ziemlich laut von dem Aufsichtsbeamten. Tom sah die Kopfhörer, und es war ihm klar, weshalb der Mann fast gebrüllt hatte. Angesichts der Situation fühlte Tom sich äußerst unwohl und überlegte, wie er am besten die Angst in den Griff bekommen konnte, die er in sich aufsteigen spürte. Im Augenblick sah er überhaupt keine Möglichkeit, irgendwie sinnvoll zu handeln. Immerhin wurde der penetrante Ton leiser, während Tom mit dem Aufpasser den abgedunkelten Flur entlangging. Plötzlich drang lautes Bellen in die angespannte Atmosphäre, und ein schwarzer Dobermann schoß wie ein Pfeil durch den Korridor. Sein Begleiter winkte Tom in einen Nebenraum, durch dessen Fenster die Sonne schien. Die ganze Umgebung erinnerte an das Wartezimmer eines Zahnarztes, in dem sich die Patienten durch nichts von ihrer Angst ablenken lassen konnten. Tom setzte sich in einen der drei ausladenden Sessel. Immer noch war dieser hochfrequente Ton zu hören, dessen Lautstärke an- und abschwoll, und manchmal bellten Wachhunde. Tom vermutete, daß die Überwachung hier mit Hilfe von Ultraschalldetektoren funktionierte, die überall im Gebäude aufgestellt waren und niederfrequente Interferenztöne entstehen ließen.

Etwa zwanzig Minuten hatte Tom dagesessen und gewartet, nichts hatte sich getan. Da beschloß er, nach seinem ‚Begleiter' zu rufen. Er wollte die Tür öffnen, mußte aber feststellen, daß sie verschlossen war. Er bekam Herzklopfen. Kurz darauf wurde sie geöffnet „Komm bitte mit", forderte ihn ein muskulöser Typ auf. Der Mann, der Tom zu sich ins Büro geholt hatte, wartete noch, um ihn nun zu begleiten. Jetzt spürte Tom einen

Klumpen im Magen. Als er den Flur entlang von den beiden Aufpassern eskortiert wurde, wäre er nur allzu gern seinem Vater begegnet. In einem Atriumbau wurde er in ein Zimmer geführt, er sollte sich neben das Fenster setzen, während einer der Männer sich an der Tür postierte. „Diese Verzögerungen tun mir leid, aber wir sind gezwungen, erst gründlich nachzufragen, Tom. Ich heiße Samuel Norse und bin verantwortlich für die Sicherheit hier."

„Ich würde gern mit Mr. Stong sprechen."

Scharf und unerbittlich meinte Norse darauf: „Erst mal reden wir beide. Mich würde zum Beispiel interessieren, weshalb du hierhergekommen bist – und das auch noch, ohne dich vorher anzumelden."

Tom hatte seine Fassung zurückgewonnen und konnte deshalb antworten, ohne kleinlaut zu klingen: „Mr. Stong wird Ihnen das vermutlich erklären können."

„Ich hätte es aber gern von dir gehört." Mr. Norse lächelte. Tom war sich über seine Situation im klaren. Hier hatten sie ihn in der Hand. „Er hat mich heute besucht, und zwar gleichfalls ohne Voranmeldung, und als er weg war, fehlte ein Gerät, an dem ich gerade gearbeitet hatte."

„Und du meinst, er wüßte, wo es abgeblieben sein könnte?" Tom nickte. „Du mußt schon entschuldigen, aber es würde mich doch sehr wundern, wenn ein so renommierter Wissenschaftler sich ausgerechnet für die Basteleien eines Schuljungen interessierte." Diese Verkennung seiner Fähigkeiten ärgerte Tom so sehr, daß er rot wurde. Doch wie immer versuchte er seine Gefühle schnell unter Kontrolle zu bekommen und überlegt zu reagieren.

„Allerdings, genau das würde ich gern herausfinden."

Offensichtlich hatte unter der zur Schau getragenen Unangreifbarkeit noch ein anderer Ton mitgeschwungen. Jedenfalls hielt es Mr. Norse nun für angebracht, den Jungen mit ein wenig Geplauder zu besänftigen. „Erzähl mal, wofür hast du dieses Gerät eigentlich gebaut?“ Betont freundlich wollte er Tom aus der Reserve locken – „Du weißt, wir von Megadapt sind sehr daran interessiert zu erfahren, woran die Jugend forscht, womit sie experimentiert.“

Tom jedoch hielt den Zeitpunkt für ein solches Gespräch nicht für geeignet und äußerte dies auch unverblümt. Vielmehr brachte er noch mal seinen Wunsch vor, mit Mr. Stong zu sprechen. Falls es sich jetzt nicht einrichten ließe, käme er gern ein andermal wieder.

„Leider ist es jetzt nicht möglich, daß du einfach wieder gehst, du wirst schon warten müssen, bis Mr. Stong zurückkommt.“

„Aber ich hab ihn doch vorhin gerade hier draußen gesehen.“

„Das dürfte schon ein Weilchen her sein. Aber in der Zwischenzeit kannst du es dir in unseren Warteräumen bequem machen, komm schon.“ Mr. Norses Kinn zeigte in Richtung der Wartesäle, und Tom blieb nichts weiter übrig, als mitzugehen. Vom Fenster des Atriumbaus konnte Tom Stongs Gestalt auf dem Parkplatz erkennen. In seiner Verblüffung sah er, wie der Blinde auf dem Fahrersitz eines hellgrünen Wagens Platz nahm, und dieser Wagen war kein anderer als der seines Vaters.

Alles außer Kontrolle

Rick konnte das Optoskop kaum noch ruhig halten, so verkrampft waren seine Arme mittlerweile. Außerdem langweilte es ihn allmählich, nur zu beobachten und nichts tun zu können. Von seiner Position aus hatte er auch rein gar nichts von dem mitbekommen, was Tom inzwischen machte. Aber er wußte, daß sein Freund oft eine Weile verschwunden blieb, um in kniffligen Situationen die Lage zu peilen. Bis jetzt war er auch immer wieder unbeschadet von seinen Erkundungsgängen zurückgekehrt. Nach einer halben Stunde ohne Lebenszeichen von Tom beschloß Rick, zu Hause nachzufragen und ging zum Auto zurück, von wo aus er über eine freie Frequenz das elterliche Haus anwählen konnte. Es dauerte auch nicht lang, bis er Monas Stimme hörte.

„Warum hast du denn nicht auf mein Rufsignal geantwortet?"

„Ich war eine ganze Weile nicht im Auto – warum, ist was?"

„Irgendwas geht bei den Bensons vor, ich kann's aber nicht einordnen. Und zwar steht ein Auto in ihrer Einfahrt mit einem Typen drin, der wartet." Rick biß sich auf die Unterlippe. „Was ist das für ein Wagen?"

„Ein weißer."

„Nein, ich mein, ob du vielleicht an irgendeinem Firmenschriftzug erkennen kannst, woher er kommt. Vielleicht gehört er zu Megadapt?" Während es still war in der

Leitung, sah Rick seine Schwester zum Fenster gehen, um nachzusehen.

„Mist, nein, aber auch nicht der geringste Hinweis. Wart mal, ich werd über die Datenbank der hiesigen Zulassungsstelle das Nummernschild angeben – vielleicht kriegen wir durch die heraus, wem die Kiste gehört.“ Gegen Ende des Satzes klang ihre Stimme wieder zuversichtlicher.

„Warum nicht gleich so?“ Doch Mona hörte es nicht mehr.

Bis Mona den Fahrzeughalter herausbekommen haben würde, wollte Rick vom Rücksitz seines Wagens wieder das Firmengelände beobachten. Als er gerade das Optoskop eingestellt hatte, sah er, wie sich Williard Stong im Fahrersitz eines Kombis zurechtrückte – in einem Wagen, der Rick fast so gut vertraut war wie sein eigener.

„Hörst du, Rick?“

„Ja, was hast du gefunden?“ Rick versuchte, Stong nicht aus den Augen zu verlieren.

„Der Wagen vor Bensons Haus ist auf Megadapt gemeldet.“

„Dacht ich mir's doch. Jetzt gib mal folgende Zahlen durch.“ Rick las die Ziffern vom Nummernschild des grünen Wagens vor.

„Soll das ein Witz sein?“

„Durchaus nicht – warum?“

„Das ist doch die Nummer von den Bensons – übrigens, wo bist du eigentlich?“

„Nicht weit von Megadapt.“ Rick bemühte sich, nicht allzu aufgeregt zu klingen. „Und jetzt fährt Williard Stong mit dem Wagen der Bensons los.“

„Was! Der ist doch blind!“
„Fährt aber recht gut dafür.“
Stong verließ das Firmengelände, ohne daß man ihn am Pförtnerhäuschen angehalten hatte. Rick mußte sich nun entscheiden, ob er Stong hinterherfahren oder weiterhin auf ein Zeichen von Tom warten sollte.
„Was wirst du jetzt tun?“ flüsterte Mona durch die Leitung.
„Mm – sag doch mal Sergeant Dalby Bescheid, der kennt uns wenigstens. Ob er vielleicht rausfinden könnte, wer da vor Toms Haus steht. Ich bleib jetzt mal Stong auf den Fersen.“ Noch während des letzten Satzes hatte Rick den Motor gestartet und fuhr in dem für ihn üblichen Tempo die Schnellstraßenausfahrt hinunter. Er wollte nun doch hinter Stong bleiben. Immer noch mit dunkler Brille, aber diesmal ohne Hund fuhr Stong mit vollem Tempo die Schnellstraße nach Stanton entlang.
„Rick, Sergeant Dalby ist schon unterwegs, außerdem hab ich gemeldet, daß der Benson-Wagen gestohlen wurde, das wird an alle Polizeistationen durchgegeben.“
„Dank dir, Schwesterchen, ich bin hinter Stong auf dem Cartesian Freeway, gerade an der Ausfahrt von Van Allen Field vorbei.“ Rick hoffte, sie würde dies an die Polizeistation von Stanton weitergeben. Seitdem diese Strecke durch das Geschäftszentrum führte, wurde sie von den Streifen abgefahren. Aber ausgerechnet heute entdeckte Rick nirgendwo ein Polizeiauto. „Ist wohl nicht mein Tag heute“, seufzte er.
Je länger er hinter Stong herfuhr, um so mehr beschäftigte ihn die Frage, aus welchem Grund Stong eigentlich aufgetaucht war. Weshalb nur mochte er behauptet haben,

er wäre blind – oder war etwa die ganze Benson-Familie in die Megadaptgeschichte verwickelt? Weiter mochte Rick gar nicht denken, denn er spürte Angst aufsteigen, und verwirrt war er auch. Zu seiner Verwunderung merkte Rick nun, daß Stong auf dem Weg zu den Bensons war. Als er in die Wohnstraße einbog, standen vor dem Haus schon mehrere Polizeifahrzeuge; die Streifenbeamten waren ausgestiegen und unterhielten sich. Was Besseres hätte sich Rick im Augenblick nicht wünschen können. Er genoß auch den Anblick, als er Stong auf das Haus der Bensons zusteuern sah, so, als liefe er in eine Falle. Einige Nachbarn waren neugierig geworden und standen in den Vorgärten. Mona schien es schon nicht mehr erwarten zu können, endlich ihren Bruder zu sprechen. Als er aus dem Auto gestiegen war, flüsterte sie ihm zu: „Unternimm ja nichts!"

„Warum, was meinst du denn damit?"

„Hier ist alles unter Kontrolle. Dalby und seine Leute haben sich mit den Männern in den Wagen verständigt. Mich hat er beruhigt, und außerdem meinte er, ich solle nicht mehr rumtelefonieren."

„Und wozu das Ganze?"

Mona deutete mit dem Zeigefinger auf die Gestalt, die im Wohnzimmer der Bensons auf und ab ging. „Siehst du den Typen da drin? Vor etwa zehn Minuten ist er mit einem Koffer voll Mikrotestern da reingegangen."

Etwas verwirrt durch den ganzen Wirbel um ihn herum und die erst kurz zurückliegenden Ereignisse, versuchte er zu begreifen, was sich hier abspielte. So ganz schien es ja nicht zu stimmen – von wegen alles unter Kontrolle. Immerhin ließen sich nirgendwo die Bensons sehen, und in deren Haus konnten sich Fremde zu schaffen machen – mit

Billigung der Polizei. Mona brannte darauf, endlich zu erfahren, wie der blinde Williard Stong es angestellt haben mochte, von Megadapt hierherzufahren. Mit ihrer Frage hatte Mona den Bruder wieder an Stong erinnert, der mit seinem merkwürdigen Verhalten die ganze Aufregung verursacht hatte. Was er allerdings jetzt sah, vermochte Rick noch nicht so schnell einzuordnen: Die Polizisten unterhielten sich aufs freundlichste mit ihm. Dann hörte Rick, wie Stong nach Sergeant Dalby fragte, der auch noch ganz beflissen zu ihm eilte. Nun verstand er nichts mehr. „Das kriegste doch im Kopf nicht zusammen", murmelte er zu seiner Schwester. „Zuerst sieht es aus, als hätte er uns den Koffer geklaut, und dann braucht er nur mit den Fingern zu schnippen, und die Polizei spurt wie sein eigener Dobermann."

„Ich kapier immer noch nicht, was hier eigentlich los ist", gab Mona zu. „Heute mittag erzählte Mom, daß Toms Eltern sie auf der Straße einfach übersehen hätten. Sie meinte auch, daß ein Mann bei ihnen im Fond gesessen hätte..."

„Ein Kidnapper", rief Rick.

„Genau das hab ich Sergeant Dalby erzählt, nachdem du gesagt hast, der Benson-Wagen sei gestohlen worden. Er schien sich aber nicht sonderlich dafür zu interessieren", berichtete Mona.

„Dann möcht ich aber jetzt mal wissen, wieso nicht." Rick lief zum Haus hinüber, wurde aber von einem der Polizisten aufgehalten. „Hier kannst du nicht rein, das Haus wird bewacht."

„Hab's gerade noch gemerkt, Mister", gab Rick zurück. „Ich möchte aber trotzdem mit Sergeant Dalby sprechen,

er kennt mich."
„Was du nicht sagst", spottete der Mann.
„Ja, wir haben sogar schon zusammengearbeitet." Rick konnte sehen, daß ihn dieser Polizeityp für größenwahnsinnig hielt.
„Schon gut, Kleiner, du bleibst trotzdem draußen."
Es wurmte Rick sehr, daß er aufgehalten wurde, obwohl er eine wichtige Mitteilung zu machen hatte. Ein dümmlich grinsender Wachtmeister verwehrte ihm den Zugang zum Sergeant, obwohl die Eltern seines besten Freundes verschwunden waren.
So versuchte er es auf andere Weise, an Dalby heranzukommen. „Hey, Dalby!" rief er, woraufhin einige Beamte sich umwandten und mit ihnen auch der Sergeant, der sich dort mit einer Gruppe von Kollegen unterhielt.
„Ja, Sie, Mister, kommen Sie doch mal rüber!" Mit dieser etwas unhöflichen Art hatte Rick genau das erreicht, was er wollte. Dabei war ihm der Überraschungseffekt zugute gekommen. Der Polizeibeamte kam endlich die Toreinfahrt entlang auf den Jungen zu. „Bitte, Sergeant, Sie müssen mich anhören, hier geht etwas Mysteriöses vor." Rick erzählte, was sie mit Stong erlebt hatten, und weshalb Tom jetzt bei Megadapt war. Dann vertraute er Dalby noch seine Vermutung an, die Bensons wären entführt worden.
„Ricky, du hörst das Gras wachsen, beruhige dich, es ist alles okay."
„Ach – wirklich, und weshalb sind Sie dann hier?"
„Mach mal bitte Platz", forderte jetzt Dalby den Jungen auf, „damit die Bensons hier parken können." Rick klappte das Kinn runter; er starrte auf das angekommene Taxi, aus dem die ganze Benson-Familie stieg.

Was tun?

Mike Benson zeigte auf Stong. „Das geht entschieden zu weit, Mr. Stong. Wir haben schließlich unsere Rechte." Um die beiden Männer standen Tom, seine Mutter und die Powells. „Wenn Sie die Arbeit meines Sohnes hätten überprüfen wollen, wäre nichts weiter als eine kurze Anfrage nötig gewesen."

„Wir durften kein Risiko eingehen, wir mußten eine unabhängige Untersuchung durchführen, und das Testergebnis rechtfertigt unser Vorgehen."

Es ging um das Ausstellungsstück für die Wissenschaftsmesse, das Rick und Tom gebaut hatten. Nun hatte sich gezeigt, daß es für dieses Gerät offenbar Anwendungsbereiche gab, von denen die Jungen noch nichts wußten.

„Der Tempest-T ist eine geniale Sache, damit kann man elektromagnetische Wellen sowohl aussenden als auch empfangen, noch dazu von Computern, die einige Kilometer entfernt stehen." Zu Rick und Tom gewandt, meinte Stong: „Ich bin sicher, die beiden hatten keine Ahnung von der strategischen Bedeutung einer solchen Erfindung."

„Mein Sohn wollte mit seinem Freund sicher keine militärische Hardware produzieren, sondern schlicht und einfach bei einem Wettbewerb mitmachen", verteidigte Mr. Benson die beiden.

„Schön und gut, Mr. Benson, aber die Tatsache bleibt nun mal bestehen, daß mit dem Tempest-Gerät unser

Sicherheitssystem überlistet werden kann", argumentierte Stong. „Seitdem wir bei Megadapt auch für den militärischen Bereich forschen, ist es klar, daß jeder überwacht werden muß, der in der Lage sein könnte, die Daten unserer Computer aufzufangen."

Tom war begierig, alles mitzubekommen. „Was ist das für ein Auftrag?"

„Es erübrigt sich wohl, zu erwähnen, daß es eine streng geheime Angelegenheit ist. Aber eines zumindest kann ich sagen: Es betrifft wichtige Interessen. Um wieder auf euer Gerät zurückzukommen: Wenn man damit tatsächlich schwächste elektromagnetische Streufelder von Computern decodieren kann, habt ihr eine bahnbrechende Erfindung gemacht."

Jeder hatte begriffen, was dies zur Folge haben würde: Patente, Lizenzen, Angebote von Herstellern und so fort. Für Tom und Rick wäre damit ein Stück beruflicher Zukunft gesichert.

„Jetzt fällt mir's wieder ein", ließ sich Rick vernehmen, „Als Sie zum erstenmal hier waren, Mr. Stong, haben Sie uns aber eine andere Geschichte aufgetischt, von wegen bei Megadapt würde vielleicht Spionage betrieben. Welche Story stimmt denn nun?"

„Beide, obwohl vielleicht ein Teil übertrieben gewesen sein dürfte. Ihr werdet verstehen, daß ich euch irgendwie bei der Stange halten mußte, bis meine Mitarbeiter den Metallkoffer mit dem Tempest-T gefunden hatten, um ihn, nun ja, zu requirieren."

Bis jetzt hatte sich Laura Benson, Toms Mutter, im Hintergrund gehalten, war aber die ganze Zeit über wütend darüber gewesen, daß man überhaupt, und noch dazu auf diese Weise, in ihre Privatsphäre eingegriffen hatte. Sie verlangte jetzt zu erfahren, weshalb sie zusammen mit ihrem Mann zu Megadapt hatte hinausfahren müssen, wenn das Gerät bereits dorthin gebracht worden war.

„Tut mir leid, aber auch dies gehörte zu unseren Vorsichtsmaßnahmen. Ich bedauere, daß wir Sie um einen Teil Ihres Tages gebracht haben, aber sie müssen verstehen, daß wir gezwungen sind, zu ungewöhnlichen Mitteln zu greifen, da wir von der Regierung einen Geheimauftrag erhalten haben und zu unserer Bestürzung feststellen mußten, daß ein Teil unserer Programme von anderen Datenspeichern aufgefangen werden konnte."

Mr. Benson konnte sich den Zusatz nicht verkneifen: „Auch wenn Sie dabei unsere Grundrechte als Privatpersonen verletzen?"

Williard Stong nickte. Er sah es durchaus so, daß in besonderen Fällen auch gegen verfassungsmäßig garantierte Rechte verstoßen werden durfte, wenn es um die Sicherheit des Staates ging. Stong hatte schon gehofft, daß damit die peinliche Situation ausgestanden gewesen wäre, aber da rückte noch Mona mit einer Frage heraus. „Mr. Stong, Sie sind doch blind, wieso können Sie trotzdem Auto fahren."

„Klinisch gesehen bin ich völlig blind, aber wie du vielleicht wissen wirst, hat sich gerade auf dem Gebiet der Biotechnologie in den letzten Jahren einiges getan."

Das also war es – Stong trug ein microoptisches Implantat. Er schob die Brille etwas nach vorne, damit die Umstehenden den Rahmen besser sehen konnten. In diesen Rahmen war ein vidikonartiges Erfassungssystem eingesetzt, kombiniert mit einer Umsetzungselektronik zur Aufnahme durch das Sehzentrum. Stong erklärte, dies sei das sogenannte CBS, ein computergesteuertes Blindensichtsystem. Da klopfte es an die Tür. Einen Augenblick später kam der Sicherheitschef von Megadapt, Sam Norse, herein und brachte den Metallkoffer zurück. „Wir haben das Gerät gründlich durchgecheckt und, wie Sie mittlerweile gemerkt haben werden, sind Ihre Jungen mit der Entdeckung, die sie gemacht haben, auf etwas Hochbrisantes gestoßen."

Mr. Benson ließ sich von dieser schmeichelhaften Eröffnung nicht weiter beeindrucken, sondern wollte nur wissen, ob das Gerät denn auch in seinem ursprünglichen Zustand zurückgebracht worden wäre. Er hatte sich bemüht, dies möglichst unverfänglich vorzubringen, doch sein Ton hatte verraten, daß er da einen gewissen Verdacht hegte.

„Nicht ganz, es tut mir leid, aber einige Teile mußten wir herausnehmen – aus Sicherheitsgründen." Norse beeilte sich mit der Zusicherung, die Teile würden bald zurückgegeben werden.

Jetzt konnte Mr. Benson die Ungehaltenheit in seiner Stimme nicht mehr unterdrücken. „Ich bin Ihnen sehr zu Dank verpflichtet für das rege Interesse an den Arbeiten meines Sohnes. Da Sie nun Ihre Anliegen vorgebracht haben, wäre ich Ihnen doch sehr verbunden, wenn Sie uns jetzt bitteschön verließen."

Als die beiden Familien wieder unter sich waren, wollte Kay Powell wissen, ob Mr. Benson herausfinden könne, was es mit dem militärischen Forschungsauftrag auf sich habe.

„Ich versuch's mal. Ich denke ja, – und dennoch ändert

das nichts daran, daß es mir nicht paßt, wie sie hier reinkommen und in unser Leben eingreifen." Dann ließ Mike Benson die beiden Mütter zurück und ging mit den drei Freunden in die Werkstatt hinüber. Der Tempest-T war also wieder zurückgebracht worden. Nach einer Weile sahen sie den Hausroboter, Mr. Chips, im Flur unter der Lampe liegen.

„Ausgeschaltet", kommentierte Tom.

„Vermutlich ist er wild geworden, als die Typen hier ankamen. Die Leiterplatte mit den Infrarotsensoren ist rausgerissen."

„Kannst du die wieder einbauen?"

„Schon, aber das wird eine ganz schöne Fummelei."

„Jetzt könnt ihr mal sehen, in was ihr da reingeschlittert seid mit eurer Spielerei." Toms Vater war es mit der Ermahnung nicht so ernst, vielmehr klang gehörige Anerkennung durch.

Heute war wirklich einiges passiert, und jetzt mußten sie mit den Konsequenzen klarkommen.

„Mach doch mal den Koffer auf." Mr. Benson nickte in Richtung des umstrittenen Gerätes. In etwa sah es so aus wie ein besonders kompakter tragbarer PC. Mr. Benson war sehr beeindruckt, als er die kompliziert aufgebaute Schaltung und die Leiterplatte betrachtete, auf der die Lötstellen fast ein graphisches Muster bildeten. „Deswegen also die ganzen Scherereien."

„Das Wichtigste haben die Weißkittel bei Megadapt behalten", stellte Tom fest. „Die wollen bestimmt herausfinden, wie's funktioniert."

„Eins weiß ich sicher – über euren Tempest-T kam die Meldung von heute morgen."

„Im Ernst?“

Toms Vater holte tief Luft und versuchte, sich zu konzentrieren. „Hört mal zu, vor zwei Wochen gab ich von meinem Großrechner im Büro aus meine Zusage, an der Tagung teilzunehmen – jedoch vorausgesetzt, daß die Tagungsgebühren überwiesen werden. Für den Fall, daß die Abbuchung nicht stattfindet, sollte ersatzweise die Meldung rausgehen, durch die meine Platzkartenreservierung abgesagt worden wäre. Durch irgend etwas muß die Absage unabhängig von meiner Regelung freigegeben worden sein. Etwas anderes als euer Tempest-T kommt eigentlich nicht in Frage.“ Damit ging er zu Mr. Chips hinüber und begann ihn zu reparieren. Die drei wollten zusehen. Mr. Benson seufzte und lächelte vor sich hin. Eigentlich sind sie ja immer noch wie Kinder, dachte er. Sobald es um den Familienliebling geht, ist die ganze Aufregung vergessen.

Im Haus wollte Mr. Benson über den RND-Computer nachprüfen, ob es denn stimmte, was Stong und Norse behauptet hatten. Mit dem RND-Modem wählte Mike Benson den Großrechner in seinem Büro an und rief ein Suchprogramm auf. Weil zufälligerweise sein privates Paßwort auch behördlich verwendet wurde, war es ihm möglich, eine normalerweise gegen allgemeinen Zugriff gesperrte Datenbank abzufragen. Kurz darauf erschien auf dem Bildschirm „FORSCHUNGSINSTITUT MEGADAPT, GEGRUENDET VON JOHN DUNN, BEURLAUBT FUER EIN JAHR, ZUR ZEIT: KREUZFAHRT AUF SEINER YACHT. BAU EINES TELEKOMMUNIKATIONSDRUCKERS VOR ACHT

JAHREN. ERWEITERUNG DER FIRMA AUF DEM BEREICH EXPERIMENTELLE TECHNOLOGIE.“ Dann folgten noch Informationen über Firmenbilanzen, Anteile am Aktienmarkt, die Patente usw., die Mr. Benson nur überflog. Mit Hilfe eines speziellen Dienstprogramms holte er die Datei für bestehende Verträge auf den Monitor. Drei Codes fehlten offenbar, denn an ihrer Stelle stand jeweils der Hinweis ‚VERSCHLUSS-SACHE‘.

Als Mike Benson mit seiner Frau noch ein wenig zusammensaß, erzählte er, daß einige Aufträge von Megadapt offenbar vom Verteidigungsministerium bezahlt wurden. „Die Anfangsziffern der Codes mit dem Hinweis ‚Verschlußsache‘ scheinen mir darauf hinzudeuten“, fügte er hinzu und öffnete eine Dose mit Grapefruitsaft.

„Und was konntest du sonst noch ausfindig machen?“

„Liebes, mehr brauchen wir nicht zu wissen, die Firma Megadapt kennt ihre Rechte und macht auch weidlich Gebrauch davon, wie du ja heute sicher bemerkt hast. Aber ich mußte das ganz einfach noch mal nachchecken. Falls es diese Verträge nicht gäbe, würde ich allerdings meinen, daß man schnell handeln sollte.“

In der Werkstatt bewegte sich Mr. Chips wieder langsam über den Boden, bis er in eine Ecke geriet, wo er sich um die eigene Achse drehte und umfiel. Mona mußte lachen, aber Tom hatte beinahe etwas Zurechtweisendes, als er meinte, da gäb's nix zu lachen.

„Aber er hat sich bewegt wie eine Marionette.“

Rick klärte sie darüber auf, daß seine Gedächtnisschaltkreise zusammengebrochen waren, und fügte hinzu: „Du würdest dich auch ganz schön merkwürdig bewegen, wenn man dich mal für ein Weilchen abgeschaltet hätte."

„Du meinst nach einer Art Gehirnwäsche?"

„Für eine richtige Gehirnwäsche, liebe Mona, wär bei dir nicht genug drin", warf Tom ein.

Dafür boxte sie Tom gegen die Schulter und verließ dann kommentarlos den Raum. Rick ließ einen Seufzer hören und legte die EPROMS von Mr. Chips in das UV-Löschgerät.

„Das war zu dicke." Seine Schwester tat ihm leid.

„Ja, ich weiß, aber sie soll mich gefälligst nicht mit Mr. Chips aufziehen. Für mich gehört er nun mal zur Familie."

„Machen wir morgen weiter?" Sie verständigten sich darauf, doch noch ein Weilchen an dem Roboter weiterzuarbeiten, und währenddessen sprachen sie über ihren Tempest-T.

„Wenn ich geahnt hätte, daß man damit nicht nur senden, sondern auch empfangen kann, hätte ich einiges anders angeordnet."

„Wir hatten immerhin recht mit der Vermutung über die Strahlenenergie. Andererseits – schau mal, in was für eine Situation wir wegen unseres Ausstellungsstücks geraten sind. Und wir sind noch nicht einmal fertig."

Nun mußten sie beide lachen. Tom dachte daran, wie oft es in der Geschichte der Wissenschaften vorgekommen war, daß die Bedeutung von Erfindungen oder Entdekkungen zunächst gar nicht erkannt wurde. Tom fiel Einsteins Formel $E = mc^2$ ein, aus der andere Physiker die Atombombe entwickelten.

„Lassen wir's mal", schlug Tom vor.

„Gutes Timing, mein Bester – gleich gibt's nämlich Nachrichten."

„Was heißt hier Nachrichten. Gib doch zu, du willst doch nur deinen neuen Schwarm sehen." Tom durchschaute Ricks Interesse an der Nachrichtensendung. Unübersehbar galt es derzeit mehr oder weniger ausschließlich dem Sprecher, und das war Lindy Woods. Sie hatte erst neulich den Pulitzer-Preis für ihre gut recherchierten Reportagen erhalten, und außerdem war sie in den Vorstand des ‚Rates für körperliche Gesundheit' beim Präsidenten der Vereinigten Staaten ernannt worden. Besonders deshalb war Lindy Woods in letzter Zeit bekannt geworden. Überall konnte man Fotos von ihr sehen: im figurbetonten Trainingsanzug, wie sie ihn beim Boston-Marathon getragen hatte. Toms Eltern hatten sich mit ihrem Großbildfernseher bereits ins Satellitenprogramm eingeblendet. Die Jungen setzten sich dazu, und gemeinsam ließen sie sich die Begebenheiten des Tages berichten. Zwei Naturkatastrophen: Überschwemmung in Indien, Erdbeben in Algerien. Das Rote Kreuz half – wie immer, dazu die üblichen Spendenaufrufe. In den USA ging es um Steuern, Rechte von Minderheiten u. a. Eine Stadt im Mittelwesten hatte einen Preis erhalten, der in einer hohen Geldsumme bestand. Sie hatte ihre Bewohner dazu angehalten, einen Monat lang nicht zu rauchen. Kurzum, es war hinsichtlich des Weltgeschehens ein Tag wie jeder andere – wenn man der Auswahl der Reportagen glauben durfte.

„Und hier das Interview von Lindy Woods." Tom konnte schon nachvollziehen, daß dieser blonde Engel Rick gefiel. Heute berichtete sie über eine neue Art interaktiver Laserdiskspiele. „Biofeedback-Fractions", betonte sie am Ende noch mal. „Falls Sie in diesem Jahr nur ein einziges Mal Lust bekommen sollten auf eines der Computerspiele, entscheiden Sie sich hierfür."

Mit leichtem Spott in der Stimme wandte sich Mr. Benson an seinen Sohn: „Tom, hörst du zu?"

„Ich versuch's."

Lindy Woods hatte jetzt einen Helm auf, der an die Ausrüstung von Tiefseetauchern erinnerte, und setzte sich auf einen sich langsam drehenden Stuhl. „Das wichtigste ist die Konzentration auf die Muster der eigenen Alphawellen. Dann gibt es einen Moment, an dem dieses Gerät synchron läuft, und schließlich versucht es, die Gehirnaktivität auf den Beta-Modus zu trimmen." Inzwischen drehte sich der Stuhl, auf dem Lindy Woods saß, viel schneller.

„Scheint Spaß zu machen." Rick schaute sehr konzentriert zu.

Aus dem Off war Lindys Stimme zu hören: „Sie müssen mit gleicher Intensität versuchen, den augenblicklichen Stand des Bewußtseins aufrechtzuerhalten, wie durch Biofeedback-Fractions ein anderer Zustand suggeriert wird. Im Augenblick finde ich kaum die passenden Worte für das, was ich hier erlebe."

Die Jungen hatten den Bildschirm keine Sekunde aus den Augen gelassen. Als die Prozedur zu Ende war, setzte Lindy den Helm ab und sprach wieder direkt in die Kamera. „Damit Sie nachvollziehen können, was ich eben erlebt habe, müssen Sie es selbst ausprobieren. In einigen der Spielhallen kann man es bereits, bald aber wird es in allen Hallen das Biofeedback-Fractions geben, das neueste und interaktivste Laservideo. Aus dem Telesat-Nachrichtenstudio verabschiedet sich hiermit Ihre Lindy Woods."

Lindy ging aus dem Bild, und das Spiel wurde noch mal

im Abspann eingeblendet. Dann folgte der Wetterbericht.

„Ist doch nichts Neues. So was gab es schon, als ich studierte – natürlich nicht als kommerzielles Spiel“, kommentierte Mr. Benson die Begeisterung von Lindy Woods und schaltete den Fernseher ab.

Tom wollte sich nicht auf eine Diskussion über neue Erfindungen einlassen, da es in letzter Zeit mit seinem Vater gerade bei diesem Thema zu heftigeren Kontroversen gekommen war.

„Das war's, mehr wollte ich nicht sehen.“ Rick erhob sich langsam und wollte gehen. „Ach, übrigens fahren wir morgen in die Schule?“

„Was, jetzt in den Ferien?“

„Ach, Mann, wir müssen doch unseren Ausstellungsstand genehmigen lassen.“

„Stimmt, ja, dann bis morgen früh, möglichst nicht zu spät.“

An der Haustür sah Rick ein Polizeiauto auf die Einfahrt der Bensons zukommen. Tom hatte es auch bemerkt. „Sergeant Dalby kommt wohl auf ein Täßchen, ich geh dann noch zu Rick rüber.“

„Bleibt doch beide hier.“ Es war Mr. Benson anzuhören, daß er es so wollte. „Ich hatte ihn nämlich gebeten, rüberzukommen, sobald er es einrichten könnte.“

Dalby ließ sich in einen der Sessel sinken und rührte genüßlich im Kaffee. Bei den Bensons fühlte er sich wohl – als wären sie schon immer befreundet gewesen. Dabei kannten sie sich erst seit zwei Jahren. Letzten Sommer waren Dalby und Mike Benson gemeinsam Fischen gewesen, und dies hatte die gerade wachsende Freundschaft vertieft.

„Dieser ganze Wirbel tut mir wirklich leid, aber die bei Megadapt haben außergewöhnlich hohe Sicherheitsmaßnahmen – wir sind da nicht mehr zuständig."

„Soll das etwa heißen, daß bei allem, was Megadapt anstellt, die Stantoner Polizei machtlos ist?" staunte Benson.

„Das ist ein heikles Thema", gab Dalby zu. „Unsere vorgesetzte Dienststelle ließ uns mitteilen, wir sollten tun, was die Leute von Megadapt von uns verlangten. Du weißt ja, Mike, irgendwas haben die auch mit dem Militär zu schaffen."

Benson nickte nachdenklich; Tom und Rick waren überrascht, welchen weitreichenden Einfluß diese neuangesiedelte Firma hatte.

„Und euch beiden rate ich, die Finger davon zu lassen", schloß Dalby.

Tom wehrte sich. „Schließlich haben wir uns ja nicht eingemischt. Es waren die Leute von Megadapt, die unsere Erfindung zunächst mitgenommen haben."

Dalby mußte zugeben, daß dies durchaus nicht in Ordnung war, hob aber – als Kommentar – nur bedauernd die Schultern.

Wahlfreier Zugriff

Zwischen den Stunden oder nach dem Unterricht setzten sich viele Schüler ins Big Byte. Wegen der ordentlichen Portionen war es natürlich sehr beliebt, und außerdem konnte man dort den neuesten Klatsch hören. Wenn jemanden regelrechte Gier nach einem Doppel-Burger oder etwas aus der Gerüchteküche überkam, dann nichts wie ins Big Byte.

An einem Ecktisch erzählte Mona drei Freundinnen, was am Vortag geschehen war. Die Vorstellung, eine Polizeistreife könne jederzeit bis in die Privatsphäre vordringen, beunruhigte sie sehr. Noch schlimmer fanden sie es, daß die Polizei sich da eher zum Komplizen einer neuangesiedelten Firma machte, als mit den Einwohnern von Stanton solidarisch zu sein. Eines der Mädchen meinte hierzu: „Da kannst du ja nie wissen, wem du über den Weg trauen sollst."

„Genau das erzählen mir meine Leute schon seit jeher."

„Und damit haben sie auch mal ausnahmsweise recht."

Mona beteiligte sich nicht an dem Wortgeplänkel, sie genoß es zwar, mit den dreien zusammenzusitzen, hielt sie aber im Grunde für etwas beschränkt in ihren Interessen – nichts weiter als Klamotten, Make-up, Discos und Verabredungen.

Als das Grüppchen gerade aufbrechen wollte, erschienen Rick und Tom auf der Bildfläche. Die drei Freundinnen verabschiedeten sich, und Mona setzte sich wieder –

jetzt eingerahmt von Tom und Rick, die einen Joghurtspezialdrink bestellten.

„Wo wart ihr denn?"

„Wir haben Mr. Chips auf das Schulgelände angesetzt und müssen ihn für die Schulzeit startklar machen."

„Wird euch nicht das Herz brechen, beim Abschied?"

„An den Wochenenden darf er uns ja besuchen", lachte Tom. Damit gab Tom dem Sachverhalt eine andere Richtung – nicht sie vermißten das Familienmaskottchen, sondern er, Mr. Chips, würde an Wochenenden gnädig aufgenommen.

Die Drinks wurden gebracht. Rick rührte mit dem Strohhalm die vielen kleinen Erdbeerstückchen und ließ dann in Sekundenschnelle den Flüssigkeitsspiegel sinken, bis der Halm nur noch zwischen den Früchten stak. Tom hingegen bewegte gedankenverloren den Trinkhalm im Kreis, bis Mona ihn fragte, woran er denn denke. An der Art, wie er die Schultern hob, erkannten Mona und Rick, daß er jetzt konzentriert an einem Problem dran war und nicht reden wollte. Mona aber wußte schon, wie sie ihn aus der Reserve locken könnte. Allmählich hatte auch Tom sein Glas geleert, da schlug Mona vor, doch mal zu sehen, ob nicht diese neuen Spielautomaten schon aufgestellt wären. Sie zahlten und gingen über den Platz zum Videorama, Stantons elektronischem Abenteuerspielplatz. Hier standen noch Videospiele der ersten Generation wie z. B. Pac-Man und Centipede neben ganz neuen. Heute war es verhältnismäßig leer, nur ungefähr zwei Dutzend Leute standen an den Automaten. Die drei Freunde steuerten gleich auf den Angestellten zu, der, an ein Transfer-Ton-Spiel gelehnt, die Szene beobachtete. Rick sprach ihn an:

„Wo steht das Biofeedback-Fractions?"
„Ihr habt wohl die Sendung von Lindy Woods gesehen?"
„Ja, und?"
„Du bist heute schon der vierundzwanzigste, der an das Spiel ran will. Wir sollen auch bald eins geliefert bekommen. Wollt ihr euch vormerken lassen?"

So ernst hatten sie es auch wieder nicht gemeint und mußten lachen.

Dann eben was anderes – und sie gingen rüber zum Triactor-Elevator, einem Spiel für drei Leute, bei dem jeder an einem Punkt eines magnetisierten Dreiecks stand, das die Grundfläche einer Pyramide bildete. In Teamarbeit – darin waren die drei ja bestens erprobt – und mit hoher Konzentration mußte eine Metallplatte höher und höher laviert werden, bis sie die Spitze der imaginierten Pyramide erreicht hatte. Nach fünfzehnminütiger Gemeinschaftsarbeit wählte sich jeder ein anderes Spiel. Mona verlor bald den Spaß an ihrem, ging rüber zu Tom, der mit Super-Wave beschäftigt war, und stellte sich hinter ihn.

„Wann die hier wohl Starbryte kriegen?" Sie hatte Lust, mit ihm ein bißchen zu reden, doch Tom ließ sich nicht ablenken und reizte weiter die Wellenmuster seines Spiels aus.

„Für die Halle ist es nicht geeignet, es ist doch eher ein Home-Spiel." Starbryte war ein Spielprogramm, das Tom mit Hilfe seines Vaters entwickelt hatte. Die Tantiemen aus dem Verkauf kamen stetig, aber im Vergleich zu dem Verkaufserfolg unmittelbar nach seiner Einführung hielt sich der Gewinn jetzt eher in Grenzen. Immerhin hatte Tom genug verdient, um seine Werkstattausrüstung aufzumöbeln, ein Computer-Camp zu bezahlen, einen Betrag fürs College bereitzuhalten und darüber hinaus noch ein Auto zu finanzieren. Den Führerschein konnte er aber erst nächstes Jahr machen, und so mußte er bis zum nächsten Geburtstag wohl oder übel bei Rick mitfahren, an dessen Benzinkosten er sich beteiligte. Auf seinem Konto ging so viel Geld aus dem Verkauf des Videospiels ein, daß ihm trotz aller Investitionen und Rücklagen noch ein beträchtliches Taschengeld geblieben war. Somit hatte er auch ein Stück Unabhängigkeit von den Eltern gewonnen.

Ricks Spiel war nun auch zu Ende. „Echt, ich kann's kaum erwarten, bis das Biofeedback da ist. Vielleicht sollten wir uns doch vormerken lassen."

„Ach, komm..." Tom konnte sich nicht so recht dafür erwärmen. So reservierte Rick nur für sich. Mona und Tom lächelten. Sie fanden Ricks Bedürfnis, unbedingt als erster das Spiel auszuprobieren, leicht übertrieben.

„Und wenn's ein Reinfall wird?"

„Dann hat er doch endlich einen vertretbaren Grund, um Lindy Woods anzuquatschen."

Tom tippte leicht an Monas Hand, und sie spielten gemeinsam das Super-Wave. Auf den ersten Spielebenen war Monas Koordination von Hand und Augen beachtlich, ließ aber dann immer stärker nach. „Keine Übung mehr", mußte sie zugeben.

Wie verabredet, kam Mrs. Powell vorbei. Sie war unterwegs zur Stanton High-School, um dort vor einigen Gästen einen Vortrag zu halten. Da Mona, Rick und Tom noch die Pläne für den Messestand genehmigen lassen mußten, wollten sie die Gelegenheit wahrnehmen und mitfahren. Im Fond saß Mr. Chips.

„Eigentlich solltet ihr versuchen, einen Standplatz bei der Imbißecke zu bekommen", schlug Mrs. Powell vor.

„Warum eigentlich", wollte Mona wissen. „Rick ißt doch so was nicht."

„Nicht seinetwegen, sondern wegen der anderen. Schließlich kommt bei jeder Ausstellung mal der Punkt, an dem man als Besucher gern was zwischen die Zähne kriegt. Und dann müßten alle an eurem Stand vorbei. Vielleicht interessiert sich dann der eine oder andere für eure Sachen, schon einfach im Vorbeigehen."

„Wenn wir von Megadapt nicht die Genehmigung erhalten, den Tempest-T zu zeigen, brauchen wir gar keinen Stand. Die Maschine ist doch unser Knüller."

„Jetzt macht euch mal nicht gleich ins Hemd, ihr Lieben, und kümmert euch vor allem erst einmal um den bestmöglichen Standplatz. Wenn ihr erst lange bei Megadapt um Erlaubnis fragt, werdet ihr nie zu was kommen."

Die Ermunterung tat den Freunden wohl. Falls Norse und Stong gegen den Messebeitrag der drei vorgehen würden, gäbe es für sie eine schlechte Presse, und gerade das könnte eine neu angesiedelte Firma als Einstand nicht gebrauchen.

Der Schuldirektor stimmte den Plänen der drei zu. Er empfahl ihnen, sicherheitshalber von Megadapt so schnell wie möglich die Freigabe zu erwirken, damit es keine Scherereien gäbe. Der Standplatz in der Nähe der Erfrischungstheke war jedenfalls gesichert.

Mr. Chips wurde nun so programmiert, daß er im Computerraum der Schule abends seine Runde drehte. Ein

EPROM mit genauem Plan des Raumes und Maßnahmen für den Notfall war in seine Schaltung eingebaut worden.

„Ich glaub, das hier macht er lieber, als zu Hause auf Posten zu sein", vermutete Rick. Sie sahen den Bewegungen des Roboters zu und stellten befriedigt fest, wie die Trägheitssteuerung im neuen Programmablauf funktionierte. Bei der letzten Drehung blinkte ein Anzeigelämpchen auf, und Mr. Chips hatte nun sämtliche Besonderheiten für seine Route gespeichert, so daß er seine nächtlichen Kontrollgänge eigenständig antreten konnte.

Tom und Rick machten sich über einige kürzlich ausgearbeitete Dateiverwaltungsprogramme her und benutzten dabei den neuen Mynd-Microcomputer, der von der Schule angeschafft worden war. Die Speicher- und Übertragungskapazitäten dieser Anlage stellten die der früheren Modelle weit in den Schatten. Tom und Rick glaubten sich im Vorteil gegenüber dem Rest der Klasse, wenn sie jetzt in den Ferien schon daran arbeiteten.

Mona hatte sich in das Seminar ihrer Mutter gesetzt, und zwar ganz hinten, damit sie nicht auffiel, und genoß es ausgiebig, zu erleben, wie ihre Mutter unterrichtete. Die Studenten nahmen keine Notiz von Mona, sie waren damit beschäftigt, sich in unterschiedliche Lehrmethoden des Mathematikunterrichts zu vertiefen. Mona war nicht nur stolz auf ihre Mutter, sie bekam auch das Gefühl, daß sich jedes Problem lösen ließe, wenn man nur die richtige Formel dafür fand. Diese Sicherheit erhielt Mona durch die verständliche Art und Weise, in der ihre Mutter die mathematischen Probleme klärte.

Nun wandte sich Mrs. Powell an ihre Zuhörer. „Wie kann man es schaffen, bei Schülern ein Interesse für mathematische Theorien zu wecken?" An dem Punkt hielt es Mona für besser, das Weite zu suchen. Bei derlei Fragen fühlte sie sich immer noch ungemütlich.

„Hey, Mona, komm!" Das war Tom Bensons Organ, das aus dem Ersatzteillager tönte. Rick war auch da, und sie testeten gerade ein Gehäuse aus Plexiglas.

„Eine kleine Vorschau gefällig?"

„Was is'n das hier?"

„Eines der Ausstellungsstücke für die Messe. Das heißt, eigentlich nur die Hälfte. Vermutlich kommt der Rest nächste Woche."

Im Plexiglaskasten lagen auch einige Beschreibungen des Gerätes und seiner Arbeitsweise. Vorgestellt wurde der Apparat als ‚Faseroptik-Wandler'. Laut Gebrauchsanweisung konnte man mit diesem Gerät Energie von einer Form in eine andere umwandeln und außerdem Energie auch von einem Übertragungssystem zum anderen fließen lassen.

Mona zeigte sich nicht sehr beeindruckt. „Und wozu soll das gut sein?"

Tom und Rick grinsten sich an. Es war doch immer wieder die gleiche Reaktion bei Mona, wenn sie nicht sofort begriff, was sich hinter einer neuen Methode verbarg. Mit einem Wort: Es packte sie nicht. Es dauerte oft eine Weile, bis neue Ideen bei ihr durchgesickert waren, aber wenn sie erst einmal begriffen hatte, konnte sie damit so fantasievoll umgehen und vor allem Einfälle entwickeln, auf die nicht mal die Erfinder gekommen wären.

Tom machte sich daran, Mona das Gerät zu erklären. „Zum einen wird ein Übertragungsnetz, das aus Lichtleitern aufgebaut ist – so wie unser Kabel-Video- und Vista-Phone-System – in beide Richtungen nutzbar, sowohl hin als auch her."

„Aber das gibt es doch schon."

„Das hier ist anders." Rick versuchte ihr Interesse zu wecken.

Mona schaute sich die Fotos des Faseroptik-Wandlers eine Weile an und präsentierte dann ihre Meinung.

„Ah, kapiert; das hier kann sozusagen überspringen und so die Zweiwegsysteme automatisch herstellen."

„Schon, es muß aber erst angeschlossen werden", ergänzte Tom. „Wenn dieses Gerät das bringt, was hier in der technischen Beschreibung steht, so wird es der reinste Knüller auf der Ausstellung."

Tom wußte zwar, daß er bei solchen Gelegenheiten wie dieser Wissenschaftsausstellung immer wieder mit geschäftlichen Angeboten rechnen durfte, aber noch hatte er keine Ahnung, wie wichtig sein Exponat bald werden würde.

Mr. Chips bog gerade um die Ecke und kam durch die Tür. Auf seinem Rundgang an diesem Nachmittag war der kleine Roboter dabei, seine neuen Überwachungspflichten selbsttätig einzuprogrammieren.

„Fast wie ein kleiner Hund, er folgt dir überallhin, Tom", kommentierte Mona.

„Aber pflegeleichter, wir müssen ihn nicht füttern oder hinter ihm herputzen."

Sie schauten zu, wie Mr. Chips sich zur Wand rüber bewegte, anhielt, sobald seine Sensoren ein Hindernis anzeigten, umkehrte und hinaus in die Halle schlurfte.

In dem Augenblick kam Mrs. Powell und hätte beinahe

Mr. Chips umgerannt.

„Vielleicht müssen wir für ihn doch endlich mal eine Zulassung beantragen“, begrüßte sie Mona, Rick und Tom, die gerade um den Plexiglaskasten herumstanden.

„Na, malt ihr euch die Chancen beim Wettbewerb aus?“

„Nein, in dem Kasten stecken unsere zukünftigen Chancen auf R-Gespräche.“

Ricks Erklärung entlockte ihr ein Lächeln.

„Mona, magst du mit nach Hause fahren?“

„Ja, und was wird mit den beiden jungen Genies hier?“

„Habt ihr denn nicht die Durchsage vom Maestro gehört?“ fragte Mrs. Powell.

„Nein, was wollte er denn?“

„Ihr sollt in zehn Minuten auf dem Spielfeld sein.“

„Aber wir wollen doch gar nicht Fußball spielen“, erklärte Tom.

„Das will unser Herr Generaldirektor auch gar nicht.“

Damit konnten sie nicht viel anfangen. Mrs. Powell gab zu, daß diese Anweisung zweifellos merkwürdig klingen müsse, aber auch der Chef habe es lediglich weitergegeben.

„Und von wem?“ wollte Rick wissen.

Wenn seine Mutter nicht antworten wollte, fand Rick es immer sehr spannend. Mona ging mit ihrer Mutter zum Auto.

Rick und Tom liefen zum Fußballplatz, auf dem die High-School-Mannschaften gegeneinander angetreten waren. Von beiden Enden des Spielfeldes wurden die allsamstäglichen Spielbegegnungen von zwei älteren Mitschülern beaufsichtigt, die wie Manöverbeobachter regungslos auf ihrem Posten standen.

„Was sollen wir denn hier?“

„Vielleicht will uns jemand verladen", vermutete Tom. Auf einmal war immer deutlicher das typische Klopfen eines Hubschraubers zu hören, der sich näherte, dann über ihnen zu kreisen anfing und allmählich tiefer sank. Tom und Rick bewegten sich nicht von der Stelle, während der Helikopter donnernd auf sie zukam und mit seinem Rotorklatschen wirkte, als wolle er im nächsten Augenblick angreifen.

Absturz

„Bückt euch und kommt hier herüber“, kam es aus einem Außenlautsprecher des Hubschraubers. Langsam näherten sich Rick und Tom der Maschine. Die Rotorblätter, noch nicht ganz zur Ruhe gekommen, schnitten durch die Luft, das Singen der Turbinen klang ab.

„Hallo, Sohnemann!“ Tom hörte die Stimme seines Vaters aus der Kabine. Erfreut und gleichzeitig völlig überrascht kroch Tom in den rückwärtigen Teil der Kabine, Rick hielt sich dicht hinter ihm. Tom lächelte seiner Mutter zu, die neben Mr. Benson saß, die Jungen schnallten sich an, die Turbinen heulten auf, und zitternd hob der Helikopter ab.

Bald war die Schule nicht mehr von den niedrigeren Gebäuden in Stantons Umgebung zu unterscheiden. Als der Pilot die Marschflughöhe erreicht hatte, gab er vollen Schub auf die Strahltriebwerke. Ein spürbarer Ruck ging nun durch die Maschine. Sie war nun ein Jetkopter, dessen Reisegeschwindigkeit beinahe die eines herkömmlichen Verkehrsflugzeuges erreichte.

Mit dem Blick auf das Land unter sich, versuchte Tom aus seinen Eltern herauszubekommen, was eigentlich los wäre.

„Die Tagung“, erinnerte Mike Benson, „wir müssen rechtzeitig dort sein, und dies war für die Firma die einzige Möglichkeit, uns noch beizeiten hinzubringen.“

„Welche Firma?“

„Megadapt“, antwortete Mike. „Sie unterstützt uns und bestand darauf, daß du und Rick mitkommen würden.“

„Weiß eigentlich meine Mutter Bescheid?“ wollte Rick wissen.

„Wir haben schon heute morgen miteinander gesprochen, als Mr. Stong uns eingeladen hat. Sie hat für dich das Nötigste gepackt.“

„Rick stöhnte, als er den grüngelben Sack sah. Wegen der Farbe, die ihn an Magenkranke denken ließ, war er das einzige Geburtstagsgeschenk, das er nicht ausstehen konnte. Die Klamotten, die man ihm ausgesucht hatte, versuchte er sich gar nicht erst vorzustellen.

Unter ihnen zog die Landschaft vorbei; erst die Ackerflächen und grünen Weiden um Stanton, später kleinere Städte, dazwischen Waldgebiete, Seen und Hügelketten. Bei diesem Anblick wurde Tom und Rick wieder einmal klar, daß Stanton eine kleine Stadt war, wie viele andere auch – nur eben durch die Entwicklung von Mikroelektronik und hochtechnisierter Industrie zu ihrer heutigen Bedeutung gelangt. Bald sahen sie am Horizont Wolkenkratzer auftauchen.

Von Norden her flogen sie die Stadt an. Der Pilot schwenkte auf eine Flugschneise, die unmittelbar in die Stadt führte. Jetzt wurde die Maschine nicht mehr durch den Rückstoß der Turbine vorangetrieben, sondern flog normal mit Rotorantrieb. Sie kamen so dicht an Bürogebäuden vorbei, daß sie die Leute von ihren Arbeitstischen aus winken sehen konnten. Tom und Rick hielten nach dem Landeplatz Ausschau, der mit einem großen Kreis aus Leuchtfarbe markiert war. Nachdem der Pilot mit viel Geschick aufgesetzt hatte, liefen drei Mann von der Bodenabfertigung herbei, um die Räder im Boden zu verriegeln. Als die Rotorblätter zum Stehen gekommen waren, stiegen die Passagiere aus.

Tom und Rick liefen zum Rand des Wolkenkratzerdaches. Ein Drahtzaun umschloß die Landezone. Winzige Autos bewegten sich in langen Reihen sechzig Stockwerke unterhalb. Allmählich nahmen sie auch den Verkehrslärm wahr, der heraufdrang, gedämpft durch den Wind, der vom Meer herüberwehte.

„Hier entlang", rief einer der Männer. Die Bensons und Rick Powell bestiegen einen Aufzug. Dann sausten sie in einer verspiegelten Stahlkabine hinab ins Erdgeschoß. In den Ohren knackte es durch den gewaltigen Druckanstieg, aber alle wußten, wie sie dem beikommen konnten und gähnten kräftig.

„Mr. Benson, würden Sie bitte hier rüberkommen?"

Ein Page begrüßte die Ankömmlinge und führte sie in die Empfangshalle, wo sie von einem vielsprachigen Stimmengewirr eingehüllt wurden. Die Halle war voll von Gästen, die zum Teil malerische Gewänder trugen. Mr. Benson meldete sich an, und Laura nahm die Jungen beiseite. Sie übergab Tom einen braunen Umschlag.

„Teilt es euch, aber versucht damit auszukommen, bis wir abreisen."

„Geld ausgeben kann nicht gleichzeitig sparen bedeuten." Tom lächelte seine Mutter an.

„Na, dann gebt es jedenfalls nicht gleich am ersten Tag aus", riet sie den beiden.

Jetzt kam Mr. Benson und gab Tom den Zimmerschlüssel.

„Ihr wohnt auf der anderen Seite von der Halle. Mama

und ich machen uns mal frisch. Nicht daß wir's bräuchten, aber ihr kennt ja ihren Waschzwang." Von Laura bekam er dafür einen leichten Stüber.

„Ihr könnt ja schon mal die Umgebung erkunden. Seid aber bitte in einer Stunde zurück, wir müssen uns noch im Tagungsbüro eintragen."

Tom hatte das Kuvert tief in die Tasche gesteckt und verließ mit Rick das Hotel. Ziemlich schnell fiel ihnen der Gestank der Großstadt auf. Für sie, die so lang die gute Landluft geatmet hatten, war es wie ein Schock, und sie waren froh, daß sie nicht lange hierbleiben mußten.

Als sie durch die Straßen zogen, wunderten sich Tom und Rick, daß so viele Leute zur Hauptarbeitszeit unterwegs waren.

„Vielleicht haben ja einige Firmen gleitende Arbeitszeiten", vermutete Rick.

„Und dann denk mal an die vielen Leute, die zu Hause arbeiten, und über den Computer ihre Ergebnisse den Firmen zuleiten", fügte Tom noch hinzu.

Eines liebten die Freunde besonders, wenn sie sich in der Großstadt aufhielten. Sie mußten unbedingt die Video-Spielhallen aufsuchen, um zu sehen, was es Neues auf dem Markt gab. In einer Seitenstraße sahen sie an einer Fassade in Abständen immer wieder aufblinken: „Videorama".

Etwa fünfzig Besucher standen an verschiedenen Spielautomaten. Tom griff nach dem Kuvert und teilte das Geld mit Rick.

„Komm, wir kaufen uns Bons und drehen hier mal auf." Tom war ganz gierig auf das erste Spiel.

„Und der Verlierer zahlt die nächste Runde."

Einer der Spieler stand am Extractor, einem Spiel, bei

dem ein Ballon in einem abgeschlossenen Raum durch einströmenden Dampf in der Schwebe gehalten werden mußte. Heute konnten Tom und Rick gelassen zuschauen, wie die Spieler den Ballon routiniert hin und her bewegten, es erschien ihnen nicht mehr annähernd so interessant, wie noch vor ein paar Monaten.

„Hey, Ricky, hier ist es!“ Tom war anzumerken, daß er jetzt auch neugierig drauf war. „Biofeedback-Fractions!“

Um das Gerät, für das neulich in einem Sonderbericht geworben wurde, stand eine Gruppe von Leuten und wartete darauf, daß sich jemand bereit fand, es vorzuführen.

„Schon wegen Lindy Woods muß ich es ausprobieren“, murmelte Rick.

„Und du selbst bist natürlich überhaupt nicht scharf drauf.“ – Der übliche freundschaftliche Schlagabtausch zwischen den beiden.

Rick und Tom ließen sich auf den Stühlen nieder, warfen die Bons ein, setzten sich die Helme auf, und das Gestell begann sich zu drehen.

Jeder der Spieler konzentrierte sich auf die Muster seiner Alpha-Wellen, die sich plötzlich vor dem inneren Auge ausbreiteten. Als das Gerät mit den Alpha-Wellen im Gleichlauf war, begann es, sich auf den Beta-Modus einzuschwingen.

Toms Hände krallten sich in die Armlehnen, apokalyptische Bilder jagten durch sein Bewußtsein: wilde Pferde, explodierende Autos, endlose Wüsten, Tausende von Gesichtern, Häuser, die wie Pilze aus dem Boden schossen, eine im All erstarrte Supernova und dergleichen mehr. Alpträume verschmolzen mit Phantasien, denen Tom manchmal tagsüber nachsann. Ganz allmählich gelang es ihm, von dem Trip runterzukommen.

Als er den Helm absetzte, glaubte Tom, er hätte Biofeedback einmal voll durchgespielt, entdeckte dann aber, daß das interaktive System ihn entlassen hatte, noch bevor er die drei letzten Spielebenen erreicht hatte.

Damit war das Spiel für ihn zu einer Herausforderung geworden, doch spürte er, daß er es nicht öfter als einmal am Tag verkraften könnte. Noch so ein Durchgang heute, und ich bin total überdreht, ging es ihm durch den Kopf.

Rick Powell spielte immer noch. Der Anzeigetafel war zu entnehmen, daß er bereits die letzte Spielstufe erreicht hatte. Einige der Umstehenden hätten gern von Tom erfahren, was er erlebt hatte, er aber wollte sich ganz auf Rick konzentrieren, der es anscheinend auf einen vollen Durchzieher abgesehen hatte.

„Wie lange will er denn noch weitermachen?" Tom wurde unruhig. Ohne die Anzeigetafel zu beachten, packte er Rick an der Schulter, der Stufenanzeiger schlug noch einmal aus, stand still, und Rick erstarrte. Blitzschnell riß Tom ihm den Helm ab und jetzt sah er, welche Spuren die Visionen während des Spiels in Ricks Gesicht hinterlassen hatten. Rick war nur sauer: „Warum mußtest du dich da einmischen und mir alles kaputtmachen?"

Tom half ihm vom Stuhl, während der nächste Besucher es kaum erwarten konnte, endlich anzufangen, weil er sich ein ähnlich intensives Erlebnis erhoffte.

Während Tom ihn hinausführte, murmelte Rick vor sich hin, daß er doch nicht länger als höchstens eine Minute gespielt hätte. Tom mußte ihn stützen.

„Aber es waren fast vierzig Minuten, viel länger als ich.

Und was hast du gesehen?"

Rick antwortete mit einem seligen Lächeln, so, als denke er an ein beglückendes Geheimnis. Tom kam dies sehr merkwürdig vor. Der ganze Spielablauf, soweit Tom ihn durchlebte, bewegte ihn immer noch. Eines der Bilder hatte sich in seinem Gedächtnis festgehakt. Es war ein dreidimensionales Gehirn, durch das man die elektronischen Ströme fließen sah. Damit kam Tom nicht ganz klar.

Auf dem drängelvollen Bürgersteig bahnten sich die beiden ihren Weg zu einem Imbißstand und ließen sich von dem Straßenverkäufer ein Riesen-Hot-Dog geben. Nach dieser kleinen „Mahlzeit" war ihnen nicht mehr danach zumute, mit den Eltern essen zu gehen, und so blieb mehr Zeit für die besonders interessanten Ausstellungsstücke der Tagung.

In der Hotelhalle empfing sie Mike Benson mit Namensschildchen, die er ihnen auch gleich ans Hemd steckte. „Damit kommt ihr in alle Seminare, Workshops und in jede Leistungsschau. Ihr könnt alles ansehen, aber verlaßt bitte nicht das Gelände. Ach ja, Thema Essen..."

„Bereits erledigt", unterbrach Tom seinen Vater.

Rick grinste in sich hinein, Tom kannte seine Eltern ganz gut – von wegen zusammen Essen. Und so verabredeten sie sich für später zum Abendessen, wobei man sich gegenseitig die Eindrücke von der Tagung mitteilen konnte. Mr. Benson erwähnte noch, daß der Vortrag über seine Beraterfirma auf einen späteren Zeitpunkt verlegt worden war als im Programm angegeben.

Am Eingang zum Ausstellungsgelände stand eine ganze Batterie von Scheinwerfern.

„Wetten, daß die für die Satellitennachrichten aufnehmen?“ meinte Tom, während Rick seinen Schwarm entdeckt hatte.

Außerhalb der Kamerareichweite hatte sich eine Gruppe von Leuten versammelt, um die Interviews mitzubekommen. Lindy Woods wirkte auf Tom und Rick in natura noch anziehender als auf dem Bildschirm. Es wurden gerade zwei Männer interviewt, wobei der eine für den anderen übersetzte.

„Schau mal, dieser Dolmetscher...“

„Was ist mit ihm?“

„Kommt er dir nicht bekannt vor?“ Rick kramte in seinem Gedächtnis. „Weiß nicht so recht.“

„Mich erinnert er an einen der Typen bei Megadapt“, klärte Tom den Freund auf.

Die Freunde drängelten sich näher heran, um die Übersetzung deutlicher zu hören. Alles konnten sie zwar nicht verstehen, aber ein paar Begriffe schnappten sie auf: „... wie seelische Fingerabdrücke... verstreute Signale... für jeden Menschen charakteristisch... Gehirnstörme... Biofeedback... spielen...“

Die Interviews wurden mit einer Großaufnahme von Lindy Woods beendet. „Unsere Hochachtung für Dr. Fuentes, der Entscheidendes zu dieser bahnbrechenden wissenschaftlichen Entwicklung beigetragen hat.“

Das Scheinwerferlicht wurde abgedimmt und zwei Leibwächter eilten zu Dr. Fuentes und dessen Begleiter. Die Leibgarde hatte es derart eilig, daß Rick und Tom regelrecht von ihrem Platz gedrängt wurden.

„Für wen hält der sich eigentlich“, fauchte Rick, nachdem ihm einer der beiden Aufpasser vorher auch noch auf den Fuß getreten hatte.

Tom wollte herausfinden, wer die beiden waren. Er wandte sich an die Reporterin. „Ach, entschuldigen Sie bitte, sind Sie nicht Lindy Woods?“ Ein Kameramann näherte sich, und Tom sprach etwas lauter, während sie ihm zulächelte.

„Mein Freund würde Sie gern treffen, aber er ist etwas schüchtern.“ Und dann schob Tom seinen Freund einfach vor, Rick errötete angesichts der unerwarteten Begegnung.

Lindy Woods lächelte leicht amüsiert über diese eifrigen Jungen, die über den Kabelsalat hinwegstiegen, um zu ihr zu kommen. Sie war überrascht, als Tom nicht versuchte, ihr persönliche Fragen zu stellen, sondern ihr zurief: „Wer war dieser Mann, den Sie gerade interviewt haben?“

„Dr. Fuentes?“

„Nein, sein Dolmetscher.“

Sie schaute sich Tom genauer an. „Warum interessiert dich der Dolmetscher mehr?“ Dann bemerkte sie ganz offen, daß sie eine solche Frage nicht erwartet hätte, sondern vielmehr die Bitte um ein Autogramm.

„Das hätte ich auch gern“, erklärte Rick. Lindy schrieb ihren Namen über ein Foto, das ihr einer der Assistenten vom Sender gereicht hatte.

„Wir haben Ihren Rat befolgt“, brachte Rick mit unsicherer Stimme hervor.

„Wie bitte?“

„Wir haben mit dem Biofeedback gespielt.“

„Und wie fandet ihr es?“

Rick, ganz bezaubert von Mrs. Woods, antwortete: „Wunderbar.“

Tom hingegen meinte: „Mich hat es eher erschreckt.“

Es stellte sich heraus, daß es der Reporterin ähnlich ergangen war. „Was den Namen des Dolmetschers angeht, ihr könnt ihn sicher über den Sponsor von Dr. Fuentes herauskriegen." Jetzt bahnte sich ein Assistent zu Lindy durch, um ihr noch Anweisungen für das nächste Interview zu geben. So zogen sich Tom und Rick zurück.

Durch die Flure des Messegeländes drängten nun die Besucher und füllten allmählich die Ausstellungsräume. Viele von ihnen trugen hellblaue oder rote Aktendeckel, auf denen der Name „Megadapt" in Goldbuchstaben zu lesen war.

Sieht so aus, als mischten die überall mit, ging es Tom und Rick durch den Kopf.

Für jeden Bereich war eine Liste der Vortragenden angelegt worden. Den Namen seines Vaters entdeckte Tom mittendrin und setzte ein Zeichen daneben. Er ging die Reihe der Namen durch und las als vorletzten den von Dr. Fuentes. „Dr. phil. Hector Fuentes, Universität von Balkat, heute abend 19 Uhr."

„Vielleicht sehen wir ihn zufällig schon vorher irgendwo. Oder seinen Dolmetscher", überlegte Tom. Am Eingang zu den Ausstellungsräumen gaben beide ihre Teilnahmesticker einem Kontrolleur, der sie in einen tragbaren Kontrollabtaster schob. Nachdem das grüne Lämpchen aufgeleuchtet hatte, durften Tom und Rick passieren. Mit diesen besonderen Sicherheitsvorkehrungen wollte man verhindern, daß sich Unbefugte Einblick in geheime technische Unterlagen verschaffen könnten.

In einigen Hallen waren die neuesten wissenschaftlichen Errungenschaften verschiedener Gebiete zu bestaunen, darunter vor allem Biogenetik, Pädagogik, Gesundheitswesen, Forschung und Entwicklung, Militär, Transportwesen, Verwaltung, und wofür sich die beiden natürlich am meisten interessierten, Experimente. Dieser Bereich war mit fünfzehn Ständen vertreten und an jedem warteten drei Experten, um den Besuchern die verschiedenen Ausstellungsstücke zu erläutern. Einige Besucher waren bekannt für ihre Sachkenntnis auf anderen Gebieten. Andere hatten gerade ihr Studium beendet und waren zum erstenmal im Geschäftsleben. Und dann sahen sie den Alpha-Better.

„Mensch guck mal", entfuhr es Rick.

Ein wirklichkeitsgetreues dreidimensionales Abbild des menschlichen Gehirns, von innen her leuchtend, schwebte in einem Holographieschaukasten. Ein aufglühender Lichtimpuls durchzuckte das Neuronen- und Synapsensystem, als sei ein Gedanke auf dem Weg durch das Gehirn. Nachdem sie den Vorgang mehrere Male verfolgt hatten, wandten sich Tom und Rick an einen Mitarbeiter der Herstellerfirma von Alpha-Better. Tom wollte wissen, was Alpha-Better sei.

„Eine Forschungsgesellschaft; wir sammeln Daten und übertragen sie. Wir stellen sie auch bereit und handeln damit."

Rick besah sich inzwischen die holographische Darstellung aus der Nähe und wollte wissen, wer dieses Modell hergestellt hätte.

„Unser Labor. Aber dies hier ist nur ein Vorführmodell, die Möglichkeiten sind unbegrenzt."

„Ist das hier ein Hologramm von einem menschlichen Gehirn, oder hat der Computer dieses Modell angefertigt?"

„In gewisser Weise trifft beides zu", kam die verwirrende

Antwort. „Eine unserer ausländischen Tochtergesellschaften hat es entwickelt."

„Ist es tatsächlich möglich, die elektronischen Ströme durch die Synapsen zu verfolgen?" fragte Rick.

Rick und Tom wurden in den Ausstellungsteil von Alpha-Better geführt, der nicht so großartig möbliert war wie viele andere, aber die Ausstattung mit Microcomputern war einzigartig.

„Wir sind in der Lage, Gedankengänge zu überwachen", behauptete er und zeigte auf einen kreisrunden Kasten, der auf einem der ausgestellten Monitoren befestigt war.

„Das bezweifle ich", lachte Rick. Diese Behauptung schien offenbar etwas gewagt. Rick nahm die Aufforderung an, sich die Apparatur vorführen zu lassen. Dann bekam er einen Helm aufgesetzt, dessen Aufbau den beiden schon vertraut vorkam. Tom war gar nicht wohl dabei.

„Ich werde alle Vorgehensweisen beschreiben, die..." immer weiter entfernte sich die Stimme. Rick verlor das Bewußtsein.

Seele auf dem Präsentierteller

„Alles in Ordnung?“

Rick nahm die Deckenbeleuchtung wahr und spürte, daß Tom dicht neben seinem Sessel stand und die Hand auf seine Schulter gelegt hatte.

„Hörst du mich, Rick?“

Rick brachte nur Gemurmel hervor, schüttelte den Kopf und starrte über Tom hinweg. Dicht hinter den beiden beobachtete das Personal vom Alpha-Better-Stand gespannt die Reaktionen des Jungen.

„Was ist denn passiert?“

Eine von den Standfrauen erklärte Rick, daß er offenbar voll auf die Spiele abgehoben hätte. „Einen Moment dachten wir schon, dir eine Hotelgebühr berechnen zu müssen“, fügte sie scherzend hinzu, um den beklemmenden Vorfall zu entschärfen.

„Vielleicht hat dein Freund sich vor dem Versuch zu sehr aufgeregt oder einfach zuviel gegessen“, vermutete einer der Umstehenden.

Tom hörte gar nicht hin, sondern half Rick beim Aufstehen. Einen Augenblick lang stand Rick aufrecht, dann sackte er wieder zusammen. Tom führte ihn zum Erfrischungsraum und bestellte zwei große Proteinmilkshakes. Während sie die Gläser leertranken, bekam Rick allmählich wieder einen klaren Kopf.

„Wie lange war ich denn weggetreten?“

„So etwa zehn Minuten.“

„Und was haben sie gemacht?"

„Erst mal nichts. Ich hatte geglaubt, alles wäre okay; dann haben sie den Prozessor über dem Monitor eingeschaltet."

„Und was war da zu sehen?"

„Meinst du, du bist wieder so weit, daß du es verkraften kannst?" Tom war besorgt, wollte Rick aber auch nicht so behandeln, als sei er ihm unterlegen. „Wenn ich dich nicht kennen würde, so würde ich mich gar nicht trauen, so was zu behaupten – aber es waren offensichtlich deine Gedankenmuster. Erst wollte ich es nicht glauben, doch zufällig bekam ich mit, worüber sie flüsterten, als sie das Ganze auf dem kleinen Mindprinter aufzeichneten."

„Was?" Rick begriff nicht.

Nun beschlossen Rick und Tom, auf eigene Faust Näheres über die Firma Alpha-Better herauszufinden.

Leider konnten sie im Augenblick weder Mr. noch Mrs. Benson erreichen. Der Piepser, den Mike Benson stets bei sich trug, reagierte nicht auf das spezielle Rufsignal.

„Vielleicht sind sie kurz Schwimmen gegangen", vermutete Rick. Die Jungen wollten noch nicht zurück auf ihr Zimmer, und so beschlossen sie, sich weiter in der Ausstellungshalle umzusehen. Tom war guter Dinge und riet seinem Freund spaßeshalber, sich doch wieder als Testperson zur Verfügung zu stellen. Er selbst würde sich nicht so gut zum Versuchskaninchen eignen.

Rick wollte sich in der Halle für Pädagogik nach Neuigkeiten umsehen, da er wußte, daß seine Mutter sich sehr dafür interessierte. Verschiedene Videotexthersteller verteilten Freiexemplare in Hardcopyausdrucken. Videocassetten informierten über erfolgversprechende Methoden, lernbehinderten Kindern etwas beizubringen. Schulaufsichtssysteme und automatische Kontrollruftelefone für Schulschwänzer schienen zum großen Renner bei Schulträgern zu werden. Besonders großen Zulauf hatte ein Stand, an dem computergesteuerte Lernhilfen angeboten wurden, die sich von der Zentraleinheit eines Großrechners steuern ließen.

Tom und Rick streiften durch die Hallen, nahmen hier und da Broschüren mit und befanden sich schließlich mitten in einer Menge von Leuten, die auf einen vertrauten roten Schriftzug zusteuerte.

Erstaunt las Tom „Alpha-Better-Lehrmethoden". „Vielleicht werden ja die Erkenntnisse aus solchen Versuchen im Unterricht eingesetzt", sinnierte Rick.

Als sie sich dem Stand näherten, entdeckten sie den Mann und die Frau vom Standpersonal, die sie bereits in der anderen Abteilung getroffen hatten. Sie erläuterten gerade die Anwendungsweise eines computergesteuerten Systems zur Überwachung von Lernfortschritten.

„Holen wir mal Vater, Rick?" Aber Rick war gar nicht mehr neben ihm. Panik überkam Tom. Er versuchte, Rick in der Menge zu entdecken. Da er kein Aufsehen erregen wollte, konnte er auch nicht laut nach ihm rufen. Tom drängte sich zwischen den Leuten durch, und da sah er glücklicherweise seinen Freund. Er stand bei Dr. Fuentes und dessen Dolmetscher.

Tom hatte den Eindruck, daß die drei sich angeregt unterhielten und beschloß daher, sich im Hintergrund zu halten. Er stellte sich hinter zwei Delegierte, die zwischen ihm und dem Dreiergrüppchen plauderten. Doch Rick hatte ihn trotzdem erspäht und winkte ihn zu sich.

Der Dolmetscher wandte sich sogleich an Tom: „Du hast also den Alpha-Better-Gedanken-Scanner bereits begutachtet.“ Rick flüsterte ihm zu, daß er von ihrem Erlebnis erzählt hätte.

„Ja. Und was hat Dr. Fuentes damit zu tun?“

Rick und die anderen lachten. „Er hat ihn immerhin gebaut.“

„Und wie dein Freund uns berichtete, hat er im Gerät einen starken Eindruck hinterlassen. Einige Mikroschaltkreise wurden nämlich überlastet.“

„Tatsächlich?“ entfuhr es Tom.

„Deshalb hat man uns auch gerufen“, erklärte der Dolmetscher. „Und zwei Spezialisten aus unserer Forschungsabteilung mußten wir ebenfalls mitbringen.“

Was danach kam, ging so schnell, daß die Jungen sich später fragten, ob es denn auch wirklich geschehen sei.

Über die Sprechanlage des Alpha-Better-Lernmethoden-Standes war Ricks Stimme zu hören.

„Was soll das denn“, fragte er.

Tom zuckte die Schultern und versuchte zu beobachten, was sich vor dem Stand tat.

Dr. Fuentes und der Dolmetscher standen neben den Rednern auf der Plattform. Ricks Stimme tönte über die Zuhörerschaft.

„Wer hat dieses Gerät gebaut? ... Können Sie wirklich die Gehirnströme in den Synapsen verfolgen?... Das bezweifle ich.“ Genau dies hatte Rick gesagt, bevor er ohnmächtig wurde.

Jetzt war das Hologramm eines menschlichen Gehirns zu sehen, und die Worte des Jungen wurden wiederholt. Es schien, als wären die Stimme und das Hologramm miteinander verbunden.

Rick war blaß geworden. „Wie sind die da drangekommen?“

Dr. Fuentes sprach, sein Begleiter übersetzte. Er erläuterte die Verwendbarkeit des Mind-Printers im Unterrichtswesen. Als dessen bedeutendste Errungenschaft strich er die Fähigkeit heraus, die Gedanken von Schülern und Studenten aufzufangen, die sich einem Test unterziehen. „Mit diesem Gerät ist es möglich, Intelligenz und Lernfähigkeit zu ermitteln, indem man die entsprechenden Gehirnströme auffängt, filtert und sie so umwandelt, daß sie die Gedankenmuster der Person erkennen und entschlüsseln können. Und das ohne die umständlichen herkömmlichen – und nur bedingt aussagefähigen – Testmethoden.“ Auf einmal war es ganz still. – Dies war eine Erfindung mit weitreichenden Konsequenzen – nicht nur für den pädagogischen Bereich.

„Wird dieses Gerät auch für militärische Zwecke eingesetzt?“

Dr. Fuentes ließ durch seinen Dolmetscher mitteilen, daß er für den Weltfrieden eintrete. Deshalb sei für ihn eine militärische Verwendung undenkbar. „Dieser Mind-Printer wurde nur dazu entwickelt, den Lernwilligen zu helfen und Leistungsunterschiede mit größtmöglicher Objektivität zu erfassen – eine höchst demokratische Erfindung.“

„Heißt das also, daß Dr. Fuentes derartige Anlagen bislang dem Militär tatsächlich vorenthalten haben soll?“

Der Dolmetscher ging nicht darauf ein. „Die nächste Frage.“

Jetzt versuchte der Mann, der diese Fragen gestellt hatte, den Ausgang zu erreichen. Er wurde von zwei bulligen

Gestalten verfolgt. Es waren die Leibwächter von Dr. Fuentes.

Tom flüsterte Rick zu: „Das gefällt mir aber gar nicht."

„Laß uns mal nach meinen Leuten suchen, und vor allem müssen wir herauskriegen, wer dieser Dr. Fuentes eigentlich ist."

Die Befragung dauerte an, und das Gedränge um den Stand war noch dichter geworden. Plötzlich war ein Warnruf zu hören, und der Mind-Printer mitsamt der Projektionsvorrichtung fielen auf den Boden. Funken sprühten aus den auseinanderberstenden Teilen. Ganz in der Nähe von Rick und Tom begann ein Handgemenge. Der Stand wurde umgeworfen, etwa ein Dutzend Männer und Frauen gingen aufeinander mit Fäusten, Stühlen und Karateschlägen los. Alarmsirenen heulten auf. An anderen Messeständen wurden die Rolläden runtergelassen und wertvolle Ausstellungsstücke in Sicherheit gebracht. Jetzt kamen auch die Sicherheitsbeauftragten der Messe herbei. Rick und Tom wollten genau mitbekommen, was da vor sich ging. Dann hörten sie, wie jemand ihre Namen rief. Toms Eltern standen in der Nähe einer Seitentür und versuchten den beiden durch Handzeichen klarzumachen, sie sollten doch hierherkommen.

„Tut mir leid, daß es nur ein so kurzer Besuch geworden ist, aber ich hab meinen Vortrag abgesagt."

„Gerade jetzt, wo's spannend wird", grinste Tom.

„Und ich werd noch ganz grau über all diesen Aufregungen", seufzte Mr. Benson.

Sie bahnten sich durch die wogende Menschenmenge einen Weg zum nächsten Notausgang, stürmten dann einen leeren Korridor entlang und erreichten über das

Treppenhaus schließlich den Hintereingang im Hof des Ausstellungsgeländes. Als sie wieder auf der Straße waren, sahen sie, daß am Haupteingang zum Messegelände einige Polizeifahrzeuge standen. Sirenen heulten, und immer mehr Passanten sammelten sich neugierig vor dem Gebäude. Während Tom sich vorzustellen versuchte, wie es drinnen weiterging, wurde er von seiner Mutter und Rick gedrängt, doch endlich mitzukommen. Auf dem Weg zur Vorderseite des Hotelgebäudes kam ihnen Mr. Stong entgegen.

„Ich hab mich schon gefragt, ob wir uns heute nicht noch sehen werden", meinte Mr. Benson.

„Hallo, mein lieber Mike", begrüßte ihn Stong. „Eine recht ungewöhnliche Art, den Nachmittag zu verbringen, finden Sie nicht auch?"

„Ich kann mir Angenehmeres vorstellen."

„Das wichtigste ist ja wohl, daß die Jungen in Sicherheit sind. Ich hatte schon Sorge, sie würden zu nah dran sein, als es losging."

Tom hob die Augenbrauen. „Sie wußten also, was passieren würde?"

„Heißt das, es war geplant?" fragte Rick.

Williard Stong hatte offenbar nicht vor, die Rolle von Megadapt bei den Vorkommnissen offenzulegen und wandte sich dem Hoteleingang zu. Inzwischen wurde wieder eine Gruppe von Festgenommenen zu einem der Polizeifahrzeuge gebracht, und aus dem Hotel kamen, von vier Polizisten begleitet, Dr. Fuentes und der Dolmetscher in Handschellen.

Ein überraschendes Angebot

An diesem Abend brachte der Megadapt-Helikopter eine müde Mannschaft zurück nach Stanton. In einem langen Gespräch gingen die Bensons mit Mr. Stong noch einmal die Tagesereignisse durch. Auf irgendeine Weise schien die Familie in die merkwürdigen Vorkommnisse verwickelt zu sein. Nur, keinem gelang es, den richtigen Dreh zu finden, um alles zusammenzufügen.

Rick Powell saß ganz schweigsam im rückwärtigen Teil der Kabine und überdachte seine eigene Rolle bei den Ereignissen. An die Spielhalle mit dem Biofeedback-Fractions erinnerte er sich gern, höchst unangenehm hingegen waren ihm die Gedanken an seine Versuche mit dem Gedanken-Scanner und dem Mind-Printer. Für welchen Verwendungszweck mochte wohl Dr. Fuentes die Alpha-Better-Lehrmethode wirklich entwickelt haben? Was geschah mit dem Modell seiner Gedanken, das aufgezeichnet worden war? Dann tauchten einige Bilder wieder auf, die ihn schon während des Spiels mit dem neuen interaktiven Laserdisk erschreckt hatten.

Während er das signierte Foto von Lindy Woods betrachtete, dachte er bei sich, daß ja eigentlich sie der Anlaß dafür gewesen war, sich auf den Versuch einzulassen.

Vielleicht kann sie ja meine Fragen beantworten, dachte er. Er steckte das Foto in seine Tasche zurück und beschloß, auf jeden Fall noch einmal mit Lindy Woods zu sprechen.

Mona begrüßte die Heimkehrenden. „Ihr wart in den Nachrichten zu sehen."

„Wie bitte?"

„Ja, in den Satellitennachrichten – und ratet, wer die Reportage gemacht hat?"

Rick wußte, daß Mona auf die Frau anspielte, deren Foto er bei sich trug.

„Erst konnten wir euch gar nicht so deutlich erkennen", schaltete sich Mrs. Powell ein. „Aber wir haben die Routineaufzeichnung zurückgespult und in Zeitlupe den Abschnitt noch mal durchlaufen lassen. Tja, und da sahen wir euch mit Tom in einer Ecke des Bildschirms."

„Wie hat das denn alles angefangen?" wollte Mona wissen.

Rick bemühte sich, die dramatischen Einzelheiten wegzulassen und gab einen ziemlich trockenen, spartanisch kurzen Bericht. Er wollte seine Mutter nicht beunruhigen. Die Einzelheiten über den Gedanken-Scanner und den Mind-Printer wollte er Mona doch lieber unter vier Augen wissen lassen.

Obwohl Rick jetzt eine kleine Edeldelikatesse aus dem Mikrowellenherd vorgesetzt bekam, ließ er den Bildschirm nicht aus den Augen. Mona spulte das Videoband noch mal zurück, bis Lindy Woods zu sehen war. Das Interview mit Dr. Fuentes war auf ein Zwanzigsekundenstatement zusammengeschnitten worden. Lindy erläuterte, worin sie das Wesentliche in der großen Leistung dieses Wissenschaftlers sah. Auf einem der nächsten Bilder sah man den Beginn der Ausschreitungen. Dann wurden einige der am Handgemenge Beteiligten zu den Polizeifahrzeugen geführt. Viele Neugierige hatten sich eingefunden. Eine der nächsten Einstellungen zeigte, nachdem Mona auf Einzelbildschaltung gegangen war, die Bensons und Rick zusammen mit Mr. Stong.

„Hoffentlich kriegen das die Leute nicht in den falschen Hals."

„Ach, wenn schon – du weißt doch, daß die Nachrichten weltweit empfangen werden können – man kann es nun mal nicht allen recht machen." Mona hatte gar keine Bedenken.

Mit der üblichen Hast verschlang Rick sein Abendessen. Das Gespräch der anderen rauschte an ihm vorbei. Erst als er seine Mutter davon reden hörte, daß sie mittlerweile doch gern einen Wachdienst für ihr Haus in Anspruch nehmen würde, horchte Rick auf.

„So wie die Dinge nun mal liegen, hielte ich es wirklich für angebracht", fuhr sie fort. „Ihr seht doch, was los war."

Rick wollte sie beruhigen. „Keine Sorge, ich werde Mr. Chips als Nachtwächter in der Schule loseisen und ihn hierherbringen."

Mona protestierte. „Doch nicht diesen Blechtrottel. Ich werd noch ganz kribbelig von seinem Herumgeschleiche und Geklapper."

Rick kicherte. „Er sagt aber hübsche Dinge über dich, das müßtest du mal hören."

„Aber ich dachte, Tom hätte Mr. Chips als Leihgabe in der Schule gelassen", wandte Mrs. Benson ein.

„Das war eigentlich nur ein Wiederherstellungs-Probelauf für die neuprogrammierten Orientierungsspeicher", erklärte Rick. „Er sollte doch nur Wache schieben, solange die Ausstellung vorbereitet wird. Und die Vorbereitungen sind schon gelaufen."

Am nächsten Morgen wollte Rick, daß sich Tom die Nachrichten ansehen möge, die er per Video aufgezeichnet hatte. Danach schlug Tom vor, mit Lindy Woods Verbindung aufzunehmen, um an ein Manuskript dieses Interviews mit Dr. Fuentes heranzukommen.

„Kein schlechter Vorwand, um sie anzurufen." Rick unterstellte Tom im Scherz genau das, was er am liebsten selbst getan hätte.

In der Einfahrt wartete bereits Mr. Benson auf Rick und Tom. Er hatte sich bereit erklärt, herauszufinden, welche Verbindungen Dr. Fuentes und Alpha-Better hatten. Nach zweimaligem Hupen kamen die beiden angerannt, und Mr. Benson startete in Richtung seines Stadtbüros.

Wie die meisten elektronischen Beratungsfirmen, war auch Mr. Bensons Büro mit den neuesten Geräten ausgestattet, die es auf dem Computerbereich gab. Mit seinem eigenen Paßwort meldete sich Mr. Benson bei einer geheimen Datenbank der Regierung an. Sein Großrechner rief die Datei für Einwanderungen auf.

„DR. HECTOR FUENTES, BEWILLIGTER AUFENTHALT VON SECHS MONATEN, ZWEITE VERLAENGERUNG. KEINE EINSCHRAENKUNGEN. BUERGE: ALPHA-BETTER CORP."

„Das ist doch schon mal was."

Die Jungen nickten zustimmend, während Mike Benson die Datenbanken nach einer Information über Alpha-Better absuchte. Er konnte jedoch nicht einmal etwas über deren Besteuerung erfahren. Nirgendwo ein noch so beiläufiger Eintrag! Nur soviel ließ sich herausbringen: „DIE FIRMA HAT DIE RECHTSFORM EINER

PRIVATEN GESELLSCHAFT. AUS SICHERHEITSGRUENDEN SIND KEINE DATEN ERHAELTLICH. DIE GEHAELTER WERDEN VON HOECHSTER STELLE ANGEWIESEN."

Mr. Benson hob die Brauen und schüttelte den Kopf. „Das bedeutet, daß nur der Präsident Zugang zu den Daten hat."

„Tote Hose – oder?" wollte Rick wissen.

„Zumindest in dieser Richtung", bestätigte Mr. Benson und tippte mit seiner Rechten auf den Monitor. „Für diese Firma gilt also die höchste Geheimhaltungsstufe. Und wenn die für Dr. Fuentes bürgt, muß der schon ein sehr wichtiger Mann sein."

Ziemlich enttäuscht verließen Rick und Tom Mr. Bensons Büro. Angesichts der Möglichkeiten, über die Toms Vater verfügte, hatten sie eigentlich damit gerechnet, mehr herauszufinden.

An der Stanton High School war ein neuer Stundenplan eingeführt worden. Anfangs mußte man sich erst daran gewöhnen, daß nur noch vormittags unterrichtet wurde, aber dann hatte sich doch gezeigt, daß es so besser war, als fünf volle Tage Schule. Die Aufnahme außerschulischer Zusatzkurse hatte diese Umstellung notwendig gemacht. Seitdem sich in der Stadt Firmen niedergelassen hatten, die Grundlagenforschung und Entwicklung betrieben, hatte man einen Teil der Ausbildung dorthin verlagert und eine große Anzahl von Praktikumsstellen eingerichtet. Davon profitierten nicht nur die Lehrer und Schulen, sondern auch die Schüler konnten dort nach dem Abschluß immer wieder mit günstigen Stellenangeboten rechnen. Für die

Studenten, die nicht nur für eine bestimmte Firma arbeiteten, bestand die Möglichkeit, andere Schulen und Colleges zu besuchen, um deren Vorteile zu nutzen.

„Da war vielleicht was los – irre action, hey!"

„Sag mal, du hast doch sicher eine Nobelherberge ergattert."

„Wie war's im Helikopter?"

„Wer war denn schuld an dem ganzen Aufruhr?"

In der Schule gab es fast niemanden, der nicht von den Erlebnissen der drei gehört hätte. Die meisten aber wollten weniger über technische Einzelheiten und Messeneuheiten wissen, sondern vielmehr Details über die Ausschreitungen erfahren.

Nach einer Weile konnten Rick und Tom die Fragen einfach nicht mehr hören. Sie besuchten zwei Kurse, erledigten Hausaufgaben und zogen sich dann in den Computerraum der Schule zurück.

„Ich dachte schon, das nimmt überhaupt kein Ende mehr", meinte Rick ziemlich angewidert. „Ich möchte nur mal wissen, was die Leute an Gewalt so fasziniert."

„Vielleicht ein Erbe aus der Steinzeit?" sinnierte Tom. „Jedenfalls bestimmt nicht aus dem Präkambrium – übrigens, damit ich's nicht vergesse, ich würd gern Mr. Chips wieder mitnehmen und vor unserm Haus seine Runden drehen lassen. Mama würde sicher ruhiger schlafen."

Der Direktor hatte nichts dagegen, jedoch mußten sie versprechen, daß der Roboter spätestens in der Nacht vor Eröffnung der Ausstellung hier wieder Dienst tun würde.

„Schau dir das an", lachte Rick, „Mr. Chips als Sandwichman!" Auf Vorder- und Rückseite des 60 cm hohen

Roboters war jeweils ein Plakat aufgeklebt, das die Wissenschaftsmesse ankündigte. „Übrigens müssen wir Mr. Norse anrufen, damit er uns für dieses Wochenende den Tempest-T herausgibt."

„Falls die sich weigern sollten bei Megadapt, bauen wir eben noch einen."

Tom wies ihn darauf hin, daß es von den Plänen keine Kopie gab.

„Wo sind sie denn?"

Tom zeigte auf seinen Kopf. Alles Wissen über ihr brillantes technisches Meisterwerk und dessen Aufbau war dort so sicher aufgehoben wie auf einem Schweizer Nummernkonto. Wie auch immer, Tom und Rick würden schon klarkommen. Wenn Megadapt beunruhigt sein sollte, dann könnten sie ja ihren eigenen Wachposten aufstellen. Von denen hatten sie sowieso jede Menge, um – mit einigen ihrer Dobermann-Hunde ausgestattet – irgendwelchen Finsterlingen von vornherein den totalen Horror einzujagen.

Rick und Tom packten gerade Mr. Chips auf den Rücksitz des Powellschen Combis, als Mona mit zwei Freundinnen kam. Rick und Tom grüßten kurz, hatten aber keine Lust auf weiteren Kontakt. Sie brauchten ihre Zeit.

„Mama meinte, du könntest ja den Wagen nach Hause fahren." Mona gab ihrem Bruder die Schlüssel. „Aber erst mußt du uns am Big Byte absetzen, Bruderherz – den Gefallen tust du uns doch, oder?"

Rick konnte dem Gedanken an die üppigen Sandwiches und eisgekühlten Shakes nicht widerstehen. Außerdem war es für ihn auch ganz verlockend, zu schauen, wer von den Mädchen heute dort war.

Auf der Fahrt wollten Monas Freundinnen unbedingt ein Compaktdisk über die Autostereoanlage hören, und zwar in voller Lautstärke. Niemand hatte was dagegen, es war immerhin ein Sampler mit den neuesten Hits der „Random Accessories".

Schon als Rick vor dem Big Byte einparkte, überfiel ihn der Heißhunger.

Er versprach Tom: „Nur einen Big-Byter-Spezial mit 'ner Vitamin-Cola!"

Die drei Mädchen packten wie Tom und Rick ihre Hamburger und Drinks auf den runden Tisch. Es war zwar kein Wettessen angesagt, aber, wie üblich war Rick als erster fertig.

„Was machst du danach?" erkundigte sich Mona.

„Mr. Chips auf die Wachrunde schicken", gab Rick zurück.

„Und du, Tom?" Dabei gab sie ihrer Stimme einen Klang, der ihre Freundinnen eifersüchtig machen sollte.

„Ich werd Rick helfen und dann auf dich warten."

Genau das wollte Mona hören. Vor allem ihre Freundinnen sollten es mitbekommen, die auch prompt ganz neidisch schauten.

Auf dem Weg zum Auto sprach Rick seinen Freund noch mal wegen seiner Antwort auf Monas Frage an. „Sei lieber etwas vorsichtig mit dem, was du zu meiner Schwester sagst, die schwärmt sowieso schon für dich."

„Ach ja?" meinte Tom nur.

Als Rick einen Typen aus der Spielhalle kommen sah, mußte er sich noch mal nach dem Biofeedback erkundigen.

„Noch nichts." Der Mann klang ziemlich genervt. Er war

offenbar schon oft danach gefragt worden.

Rick lief zum Auto zurück, wo Tom wartete. „Sie haben es immer noch nicht.“

„Aber du hast doch schon mal...“

„Und es war auch wahnsinnig gut.“

„Nach deinem Blackout am Gedanken-Scanner solltest du vielleicht doch vorsichtiger sein mit dieser Sorte von Spielen.

„Schon möglich, aber da kamen ein paar Bilder hoch, die echt ein ungeheuer starkes Erlebnis waren, und das will ich noch mal sehen“, erklärte Rick.

Tom vermutete noch einen anderen Beweggrund für Ricks Entschlossenheit. Aber welchen?

Sie fuhren in Richtung Matrix Boulevard. Mr. Chips wurde in einem der zur Straßenseite gelegenen Zimmer abgesetzt. Tom wechselte die Räder an den Füßen von Mr. Chips gegen eine Fahreinheit aus Raupenketten, mit denen der kleine Roboter ohne Hilfe Treppen rauf- und runtersteigen konnte.

Rick brachte jetzt einen kompakten Werkzeugkoffer an, und Tom schraubte den Roboter auf. „Wenn er sich hier zurechtfinden soll, dann muß jetzt ein anderes Programm rein.“

Der gesamte Grundriß, das elektrische Leitungsnetz und sämtliche Fernsprechanschlüsse im Powellschen Haus waren von Tom in einen kleinen Mikroprozessor einprogrammiert worden, den der Junge nun behutsam in einen freien Stecksockel drückte. Mr. Chips hatte eingebaute Wärmesensoren, mit denen er auf die Körperwärme eines Eindringlings reagierte, was im Ernstfall bei dem Roboter eine Alarmschaltung aktivierte, aufgrund derer er dann die Polizei von Stanton telefonisch verständigen konnte. „Hoffentlich kriegt er kein Heimweh!“ meinte Tom abschließend.

„So wird er dir an heißen Tagen wenigstens nicht schlappmachen.“

Nachdem Tom das „Gehirn“ des Roboters umgestellt und die Abdeckplatte wieder verschlossen hatte, tippte er den Bereitschafts-Sensorschalter, und Mr. Chips nahm seine Tour auf. Mit Hilfe eines Timers hatte Tom dafür gesorgt, daß der Wärmesensor erst dann seine Funktion aufnahm, wenn alle das Haus verlassen hatten.

Um ihn zu testen, gab Rick die Zahlenfolge für den Rundgang im Obergeschoß auf der Mikrotastatur des Roboters ein. Leise schnurrend bewegte sich Mr. Chips auf seinen moosgummigepolsterten Raupenketten Stufe um Stufe nach oben. Tom und Rick gingen mit Mr. Chips die Treppen hinauf, durch den Hausflur und durch sämtliche Wohnräume des oberen Stockwerks. Als das Telefon läutete, drückte Rick die Wechselsprechtaste neben der Mikrotastatur, und Mrs. Bensons Stimme war über den eingebauten Lautsprecher des Roboters zu hören.

„Hallo Rick, falls Tom da sein sollte, sag ihm doch, er möchte rüberkommen.“

„Bin schon unterwegs, Mama“, rief Tom ins Mikrofon.

Rick wollte zu Hause bleiben. „Ich werd hier ein bißchen rumpuscheln, ’n paar Hausaufgaben erledigen.“

Vor Toms Elternhaus parkte ein schwarzer Wagen. „Daß uns diese Zombies aber auch nicht mal in Ruhe lassen können“, sprach Tom vor sich hin, als er auf der Parkscheibe sehen konnte, daß Megadapt wieder mal vorgefahren war.

Im Wohnzimmer saß Mr. Norse, und Mrs. Benson wirkte so entspannt, als verstünden sie sich mittlerweile doch ganz gut.

„'n Abend, Mr. Norse, wie geht's?"

„Danke, ähnlich wie dir vermutlich. Ich habe heute den ganzen Tag mit deinem Vater zusammengearbeitet. Wir haben ihn als Berater eingestellt."

Tom wunderte sich, daß er extra hierhergerufen worden war, nur um dies zu hören. Sicher würde es das ganze Abendessen über um nichts anderes gehen. Nach einigen Sekunden konnte er sich schließlich ein „Sehr schön" abringen.

„Sag mal, warum hast du dich eigentlich für dieses Semester bei keiner der hiesigen High-Tech-Firmen beworben?" wollte Norse wissen.

„Ich hab meine eigenen Forschungsprojekte. Das heißt, ich hatte, bis Ihre Leute sie mir weggenommen haben, Mr. Norse."

„Ach ja, den Tempest-T; du kannst davon ausgehen, daß ihr ihn zur Ausstellung vollständig zurückhaben werdet. Und bis dahin hätten wir von Megadapt gern, daß du bei uns arbeitest. Deine Mutter wäre sehr froh darüber."

„Im Ernst?"

„Du darfst in alle Forschungslabors und Versuchsabteilungen rein, und überhaupt steht dir die ganze Ausrüstung unserer Firma zur Verfügung."

Das klang schon sehr verlockend.

„Und Rick?"

Mr. Norse blickte zu Toms Mutter. Offensichtlich hatte sie die Reaktion ihres Sohnes vorausgesehen.

„Tut mir leid. Wir haben nur einen Platz frei."

An einer Firmenentscheidung würde es wohl nicht viel zu rütteln geben. Tom stand schweigend da und versuchte sich vorzustellen, wie er sich fühlen würde ohne seinen besten Freund und Bundesgenossen. Die beiden waren gemeinsam aufgewachsen, hatten einander in manch schwieriger Situation beigestanden. Dann war da auch der gemeinsame Drang, Neues zu entdecken.

„Aber mit ihm zusammen kommen mir die besten Ideen. Seine Mutter hat mir Mathematik beigebracht. Wir waren immer zusammen."

„Es wird sich leider nicht machen lassen."

Mrs. Benson schaute Tom lange an. „Nur für dieses Semester."

Tom überlegte noch mal und meinte dann: „Danke, nein."

Die Falle

Mona ging nach Hause und sah Mr. Chips den Rasen abmarschieren. Er kam den kleinen Weg vor der Haustür entlang, hielt an, machte eine Drehung und zog wieder ab in Richtung Hintertür. Seine Wärmesensoren hatten ihm die Anwesenheit von Mona angezeigt. Mit seiner metallischen Stimme fragte er, wer denn gekommen sei. Die Freunde hatten ihm einen Sprachsynthesizer eingebaut und ihn auf jede denkbare Äußerung programmiert, die er dann in den entsprechenden Situationen von sich gab.

„Tag, Mr. Chips", grüßte Mona.

„Sympathische Stimme", kam es aus der Maschine. Dies reizte sie zu der sarkastischen Frage: „Und wie geht es deinen werten Schaltkreisen?"

Dafür war auf Mr. Chips' Sprechspeicher keine Antwort vorgesehen. Seine Alarmanlage schaltete ab, sobald er die vertrauten Stimmspektren erkannt hatte. Einmal war es passiert, daß Mona eine Schulfreundin mitbrachte, die dem Roboter antwortete, woraufhin Mr. Chips auf sehr diskrete Weise die Polizei von Stanton verständigte. Während die beiden Mädchen beim Kaffee saßen, kamen plötzlich zwei Beamte in die Küche – von da an wußte Mona, wie Mr. Chips funktionierte und daß auf ihn Verlaß war.

„Keiner da?" rief Mona. Niemand antwortete. Vom Flur aus bemerkte Mona ein angeschaltetes Blinklicht auf dem PIRX-Drucker, und das hieß, eine Nachricht war angekommen. „Vermutlich hat Tom eine Notiz für Rick durchgegeben", nahm sie an und schaltete das Gerät ein. Um sich vom Tennismatch zu erholen, ließ Mona sich ein Bad ein. Das sprudelnde Wasser aus den Massagedüsen tat ihrer Haut gut und lockerte die Muskulatur. In Gedanken wiederholte Mona noch mal den Spielverlauf und hoffte, beim nächsten Match die Fehler von heute zu vermeiden. Bevor sie sich mit einem Buch aufs Bett kuschelte, zog sie noch das Telex aus dem Papierstapler und legte es auf Ricks Stuhl am Eßtisch. Nach einer Stunde etwa holte sie sich ein Glas Apfelsaft, und bei der Gelegenheit kam ihr der Gedanke, einen Blick auf die Nachricht zu werfen.

„Vertraulich" – Da konnte sie nicht widerstehen.

„Für Rick Powell persönlich – von Lindy Woods".

„Nicht zu fassen", murmelte Mona. Dreimal las sie den Text, und es entging ihr nicht, daß ihr Bruder wirklich persönlich gemeint war. Der Bestätigungscode des Modems und die Benutzerabmeldung schienen authentisch zu sein. Mona war ganz begierig darauf, eingeweiht zu werden. Wie aber konnte sie es anstellen, Rick zu fragen, ohne sich eine Blöße zu geben? Schließlich hieß es hier ja eindeutig „vertraulich". Sollte sie Tom davon erzählen? Obwohl alle drei eng befreundet waren, fühlte sie, daß es besser wäre, erst Rick die Meldung zu zeigen.

„Seit wann ist denn Mr. Chips jetzt hier?" wunderte sich Kay Powell, die gerade von der Schule zurückgekommen war. Sie stellte ihre Aktentasche ab und erzählte ihrer Tochter, daß sie fast erschrocken wäre, als der Roboter ganz unerwartet aus dem Gebüsch hervorgekommen sei. Während Mrs. Powell noch damit beschäftigt war, ihren Mantel aufzuhängen und sich mit der Bürste kurz durch die Haare fuhr, konnte Mona unbemerkt das Telex unter Ricks Tischset schieben.

„Als ich kam, war er auch schon da."

„Und Rick, wo steckt der?"

„Das wüßte ich auch gern."

„Wie meinst du das?" erkundigte sich Mrs. Powell. Sie hatte bemerkt, daß Monas Antwort etwas schneller gekommen war als sonst.

„Nichts Besonderes, würd's halt nur gern wissen, so wie du auch." Jetzt wußte ihre Mutter, daß irgendwas im Busch war, und daß sie vorhin nicht ohne Grund hellhörig geworden war. Gleichzeitig spürte sie aber, daß es im Augenblick nicht klug wäre, nachzuhaken. Mona würde schon von selbst kommen.

„Nach dem Unterricht war ich noch über eine Stunde beim Direktor, deshalb ist es etwas später geworden. Für die Messe werden noch dringend Freiwillige als Helfer gebraucht, und da hab ich angeboten, du würdest einspringen."

„Warum das denn? Freiwillige melden sich doch für gewöhnlich selbst, findest du nicht?" protestierte die Tochter.

„Mona, es würde sich schon gehören, daß du mithilfst."

Dieser kleine Disput wurde beendet, als quietschende Reifen Ricks Rückkehr ankündigten. Monas Augen glänzten vor Aufregung.

„Ricky, rate mal, wer dir..." Den Rest behielt sie für sich, als sie sah, daß Tom auch mitgekommen war.

„Was?"

„Später", vertröstete sie den Bruder und verließ die Küche.

„Was hab ich denn jetzt schon wieder falsch gemacht?"

„Wenn überhaupt, dann schon eher ich", grummelte Tom.

„Ach, denkt euch bloß nichts, als ich heimkam, war sie auch nicht anders", erklärte Kay Powell. „Außerdem paßt es ihr nicht, daß ich sie als Messehelferin eingeteilt hab."

„Aber... sie arbeitet doch schon mit uns", warf Tom ein.

„Oha, weiß sie das denn?" staunte da Mrs. Powell.

„Nee, noch nicht, aber wir können sie ja mal fragen", und Tom rief: „Hey, Mona, hilfst du uns bei der Messe?"

Mit einem Strahlelächeln schob sich Mona in die Küche und setzte sich vor ihr Glas Apfelsaft. Im Vorgefühl ihres Sieges und mit leicht zur Seite geneigtem Kopf antwortete sie: „Unter einer Bedingung."

„Nämlich?"

„Daß ihr mich Lindy Woods vorstellt."

Rick mußte erst schlucken, dann fixierte er seine Schwester. Blitzartig war ihm klar, daß Mona eine Nachricht abgefangen haben mußte. Er wechselte das Thema.

„Laß uns mal das neue Stereomikroskop in mein Zimmer tragen", bat er Tom und wollte damit vermeiden, daß weiter über Lindy Woods gesprochen würde.

Mrs. Powell machte sich noch im Wohnzimmer zu schaffen, Mona räkelte sich auf ihrem Bett. Sie konnte sich weder auf die Musik konzentrieren noch auf das Videoband, auf dem eine Unterrichtsstunde wiederholt wurde. Durch sein Anklopfen beendete Rick diesen Zustand lustloser Zerrissenheit. Sie holte aus der Schreibtischschublade das PIRX-Blatt und gab es ihrem Bruder, der sich schon in den Lehnsessel geworfen hatte und sofort zu lesen begann.

„Hat Mom das gesehen?" wollte er wissen.
„Also hör mal – wo doch ‚vertraulich' drüber steht!"
„Dann auch bitte kein Wort zu deinen Freundinnen darüber."

Mona wollte gerade halb entrüstet etwas erwidern, als sie an der Tür ein Kratzen hörten. Rick sprang auf und riß die Tür auf. Es war aber nur Mr. Chips, wie sie beide erleichtert feststellten. Der Roboter schlurfte ins Zimmer, machte eine halbe Drehung und strebte wieder auf die Tür zu, wo eines seiner Lämpchen aufleuchtete.

„Was soll das denn?" wunderte sich Mona.

„Vielleicht ist ihm beim Treppensteigen die Luft ausgegangen, oder seine Akkus brauchen wieder etwas Sonne."

Als Rick die Klappe öffnete, um die Solarakkus auszuwechseln, vernahm er an der Haustür die Stimmen von Mr. und Mrs. Benson. Aber da war nicht der vertraute lockere Ton zwischen Toms Eltern und Mrs. Powell. Um mitzubekommen, was los war, schlich Rick in den Flur. Er hörte noch: „... Kay, dann rede bitte mit deinem Sohn und klär die Sache."

Dann schnappte die Tür, und es war still. Rick winkte seiner Schwester, mit in die Küche runterzukommen.

Mrs. Powell empfing Rick gleich mit der Frage: „Sag mal, hast du Tom irgendwie eingeredet, daß er sein Praktikum nicht bei Megadapt machen sollte?"

„Nein, wieso?"

„Seine Eltern glauben es aber."

Rick wunderte sich über diese Unterstellung.

„Er hat mir gar nicht erzählt, daß er ein Angebot bekommen hatte. Und wenn, dann hätte ich ihm dringend zugeraten."

„Er soll gesagt haben, daß er die Stelle nur antreten würde, wenn du auch einen Platz bekämst."

„Echt? – Aber das wäre doch kein Grund, daß er jetzt die Stelle auch nicht bekommt."

„Jedenfalls sieht es so aus, als wollten sie bei Megadapt nur einen Praktikanten."

Mr. Chips, der auf seiner Tour durchs Haus gerade vorbeikam und seine kreisrunden Roboteraugen auf alle richtete, vermochte die leicht gespannte Atmosphäre zu entschärfen.

„Ihr solltet ihn mal draußen auf und ab gehen lassen, vielleicht hört er noch die Ameisen husten."

Als Rick Mr. Chips vor die Tür setzte, bemerkte er zwei dunkle Autos auf der gegenüberliegenden Straßenseite und dachte gleich wieder an Megadapt. Die Sensoren für den Außenbereich waren bei Mr. Chips noch nicht lange eingeschaltet, als Rick an dessen Empfangsteil das Signal aufblinken sah, wonach an seinem Computerterminal eine Nachricht angekommen war. Zum Glück waren Mutter und Schwester nicht in der Nähe, als er das Blatt mit einer neuen Botschaft von Lindy Woods herauszog. In seinem Zimmer saß er über das Papier gebeugt und wunderte sich erst mal. Tom war leider nicht verfügbar, er wurde gerade von Megadapt-Leuten interviewt. Wen gab es sonst noch, den er um Rat hätte fragen können? Seine Schwester fiel ihm ein. Rick wußte, daß sie Vertrauliches für sich behalten konnte. Und außerdem hatte sie immer wieder feines Gespür bewiesen, wenn es um das Lösen von Problemen gegangen war. Da hörte er Mona zur Haustüre hereinkommen.

„Falls die von der Satellitennachrichtenstation nachforschen wollen, mußt du unbedingt sagen, was du weißt, aber du mußt auch drauf bestehen, daß du nicht als Informant genannt wirst", sagte sie.

„Und was tu ich, wenn ich als Zeuge aussagen soll?"

„Verlaß dich drauf, daß ein guter Journalist seine Quellen nicht preisgibt, auch nicht vor Gericht."

Mona hatte ihn überzeugt. Es war ihr auch wieder mal gelungen, seine Bewunderung zu wecken für ihre klare Art zu denken und auf den Punkt zu kommen. Zweifellos war Lindy Woods für die Satellitennachrichten hinter einer wichtigen Sache her.

„Gut, dann setz ich mal eine Antwort auf und schick sie verschlüsselt über das Modem rüber."

Kurz darauf zeigte er Mona den Entwurf. Sie hatte noch ein paar Ideen, was unbedingt noch mit rein müßte, und Rick arbeitete die endgültige Fassung aus. Sein Textverarbeitungsprogramm übernahm Grammatik und Interpunktion. Er stellte den Modulator auf den Übertragungscode ein, den Lindy Woods angegeben hatte, wählte ihre Teilnehmerkennziffer und stellte so die Verbindung her.

In einer entsprechenden Abfolge von modulierten Piepstönen nahm Ricks chiffrierte Antwort nun ihren Weg in das weit entfernte Nachrichtenbüro und wurde dort aufgenommen.

Als Rick die Jalousien runterließ, sah er Mr. Chips vor der Haustür Dienst machen und dachte, daß es doch besser wäre, ihn über Nacht ins Haus zu holen. Behutsam, damit Mutter und Schwester nicht gestört würden, schlich er durch die Halle. An der Haustür hörte er gerade noch, wie ein Motor gestartet wurde – Mr. Chips war verschwunden. Rick lief vor das Fenster von Monas Zimmer, aber nichts rührte sich. Nun versuchte Rick doch, noch irgend etwas von dem Wagen zu erkennen, und rannte ein Stück die Straße runter. Aber es war so gut wie unmöglich, denn der Fahrer hatte keine Lichter eingeschaltet, und außerdem war das Auto schon zu weit weg. Da wurde Rick von hinten gepackt und so schnell auf den Rücksitz eines Wagens gedrängt, daß er weder schreien konnte noch Gelegenheit hatte, sich zu wehren.

Gastspiel beim Gegner

„Er ist entführt worden." Die Stantoner Polizei reagierte blitzschnell – bald schon stand Sergeant Dalby im Wohnzimmer der Powells. Mona wirkte ein bißchen verloren in dem großen Sessel; draußen vor dem Haus sprach ihre Mutter mit einem Mann, der in einem dunklen Wagen saß. Erleichtert kam sie zurück.

„Tut mir leid, daß Sie sich die Mühe machen mußten."

Dalby lächelte: „Schon gut, Mrs. Powell, ich dachte, man hätte Sie verständigt, bevor es passierte."

Mit einiger Bitterkeit in der Stimme meinte sie: „Offenbar ist es wohl mittlerweile üblich, daß die Regierung ihre Probleme auf diese Art und Weise zu erledigen sucht."

Dalby bemühte sich, Mrs. Powell zu besänftigen.

„Wahrscheinlich wollten sie nicht, daß ihm irgendwas zustößt."

„Schon gut, gute Nacht, Mr. Dalby."

Fragend schaute Mona zur Mutter. „Was hat der Typ draußen erzählt? Hatte ich recht mit meiner Befürchtung?"

„In gewisser Weise schon", antwortete sie mit starrem Gesicht. „Ja, Ricky wurde entführt."

„Was!" schrie Mona auf.

„Aber nicht im üblichen Sinn. Tom war auch dabei."

Das konnte Mona nun überhaupt nicht mehr begreifen. Was konnte Tom denn damit zu tun haben? Und überhaupt, warum war Sergeant Dalby dann schon wieder weg?

Als die Bensons hereinkamen, fühlte sich Mona etwas erleichtert. Tom erzählte jetzt, was geschehen war, und ließ nicht die kleinste Einzelheit aus: Wie er mit Rick damals in einer Spielhalle in der Nähe des Hotels das neue Laserdisk-Spiel ausprobiert hatte, Ricky ohnmächtig geworden war, alle Zuschauer seine Stimme gehört hatten, und seine Gehirnströme mit Hilfe eines Gerätes zu sehen gewesen waren.

„Dieser Gedanken-Scanner und Mind-Printer... Diese Leute haben Daten aufgezeichnet und offengelegt, die nur von Rick hervorgebracht worden sein konnten."

„Soll das heißen, daß seine Gehirnströme manipuliert worden sind?" Mona konnte es nicht fassen.

„Rein körperlich war Rick ganz okay, aber irgend etwas muß während des Spiels mit seinem Bewußtsein passiert sein."

Die Spannung von vorhin, die zwischen den Bensons und Mrs. Powell entstanden war, weil Tom ohne Rick sein Praktikum nicht antreten wollte, war jetzt vergessen. Es ging nun darum, was mit seinem Freund geschehen sein mochte.

„Was machen die jetzt eigentlich mit Rick?" wollte seine Mutter wissen. „Und warum wird er nicht in ein Krankenhaus gebracht?" Mrs. Powell wirkte dermaßen angespannt, daß Mr. Benson befürchtete, sie könnte jeden Moment zusammenbrechen, und er führte sie zum nächsten Sessel. Mit sanfter Stimme versuchte er zu antworten: „Dies hier ist kein Fall für eine Klinik. Mr. Stong und Mr. Norse wissen vermutlich nicht, wie weit in Ricks Bewußtsein eingegriffen wurde. Aber nur bei Megadapt gibt es Möglichkeiten, ihn zu beobachten und ihm auch zu helfen. Solange Rick dort ist, können wir ihn jederzeit besuchen, wahrscheinlich schon morgen vormittag."

In dieser Nacht konnte kaum jemand von den Powells und Bensons ein Auge zu tun.

Bei Megadapt hatte man für Rick im Block A ein eigenes Appartement eingerichtet. Mit Hilfe eines auf der Rückseite durchsichtigen Spiegels, konnte er ständig beobachtet werden. Für Rick war die Vorstellung unangenehm, kein Privatleben mehr zu haben, aber Stong hatte ihm die Notwendigkeit dieser Maßnahme auseinandergesetzt. Jetzt müßte man nämlich herausfinden, wieviel von seinem angehäuften Wissen sozusagen „ausgeborgt" war.

Nach sechs Stunden Schlaf wachte Rick auf.

Mr. Norse wünschte einen guten Morgen. Während Rick eine Antwort grummelte, versuchte er die Reste eines Traumes festzuhalten: Er war in der Werkstatt vom Workshop. Er half Tom gerade dabei, den Tempest-T fertigzubauen, um ihn dann zu testen. Unerwartete Codes liefen über den Bildschirm, die – soviel konnten sie erkennen – mit dem militärischen Bereich zu tun hatten. Eine weitere Platine mit integrierten Schaltungen wurde angeschlossen und Sätze in anderen Sprachen tauchten auf dem Video-Monitor auf. Rick wollte etwas sagen, konnte aber die Zunge nicht bewegen. Da wurde er von einem Dobermann angefallen, den er dann doch anzubrüllen vermochte: „Stopp, nein."

Kerzengerade vor Schreck saß Rick in seinem Bett im Megadapt-Appartement. Der kahle Raum ließ ihm sofort zu Bewußtsein kommen, wo er sich befand. Samuel Norse brachte Orangensaft und Müsli. Dabei fielen ihm die unkoordinierten Bewegungen des Jungen auf. Andererseits wirkte Rick auch sehr bedachtsam. Nun erwähnte Norse einige Forschungsprojekte, an denen Rick arbeiten sollte. Ja, er bot ihm sogar an, überall in der Versuchsabteilung experimentieren zu können.

„Und dein Freund wird auch dabeisein." Dies war immerhin ein Lichtblick. Rick bekam wieder Appetit.

Bei der morgendlichen Sitzung nach dem Frühstück wurden Rick zwei Herren vorgestellt, deren Namen er aber nicht behielt. Der eine von beiden erkundigte sich, was Rick denn von den Leuten des Alpha-Better-Stands hatte wissen wollen, als er hinkam.

„Wonach ich zuerst gefragt hab? – Mm, ach ja, wer das Gerät gebaut hat."

Stong schien mit dieser Antwort sehr zufrieden zu sein. Er hatte eine Art Kontrollfrage gestellt, damit Rick sich gleich auf die erwünschte Gesprächsebene einstellen konnte, auf der die weiteren Fragen gestellt werden sollten. Während der nächsten beiden Stunden versuchten die beiden Mitarbeiter von Megadapt mit Rick noch mal – soweit er sich erinnerte – jede Einzelheit des Versuchs durchzusprechen: Was er empfunden hatte, bevor er ohnmächtig wurde, was es für ihn bedeutete, ein Hologramm seines Gehirns zu sehen, welchen Eindruck Dr. Fuentes auf ihn gemacht hatte, der Dolmetscher, der ihm so bekannt vorgekommen war, und vor allem, was in den Sekunden geschehen war, bevor das große Chaos losbrach.

„Und dieses Spiel in der Spielhalle?"

Rick hatte keine Ahnung, was Stong damit meinte. Deshalb erklärte der ihm recht behutsam: „Bevor ihr ins

Hotel gekommen seid, hast du ein Spiel ausprobiert, bei dem eine Wechselwirkung zwischen Apparat und Spieler entsteht, dieses Biofeedback."

„Davon weiß ich nichts."

Offensichtlich war die Erinnerung daran gelöscht. Stong und die anderen beiden Megadaptleute berieten sich leise, und seine Mitarbeiter drängten Stong, bei Rick mit Hilfe eines Überraschungseffektes auf Bewußtseinsspuren zu treffen, durch die eine Erinnerung wiederbelebt würde.

„Dieses Biofeedback gehört auch zu Alpha-Better."

Auf diese vermeintliche Eröffnung hin gähnte Rick lediglich. Stong ließ nicht locker. „Wir müssen wissen, ob die Pläne für den Tempest-T seit den Versuchen mit dem Biofeedback und dem Alpha-Better nicht mehr zugänglich sind." Während Stong mit Rick sprach, fixierten die beiden anderen den Jungen. Rick aber gab zu verstehen, daß er sehr müde sei und sich auf gar nichts mehr konzentrieren könne, woraufhin die Megadaptleute aufs neue berieten.

„Gut, dann versuchen wir's heute nachmittag noch mal", meinte Stong im Hinausgehen.

Kay Powell war darüber beruhigt, daß Rick mit einem so friedlichen Gesichtsausdruck schlief. Von Stongs Büro aus konnte man auf einer Batterie von Meßgeräten und Kontrollmonitoren Ricks Herzrhythmus, die Länge der Betawellen und andere Körperfunktionen beobachten. Der besorgten Mutter erklärte er, daß es schon wieder besser gehe.

„Wie lange muß er denn hierbleiben?" wollte sie wissen.

„Tja, auf jeden Fall so lange, bis wir herausgefunden

haben, was wirklich passiert ist, und das heißt, bis wir wissen, was von seinen Bewußtseinsinhalten abhandengekommen ist. Und die einzige Möglichkeit, die ich im Augenblick sehe, da dran zu kommen, ist, wenn er hier mitarbeitet."

„Wird das nicht schwierig werden?"

„Nicht, wenn sein Freund dabeisein wird. Mit den Bensons haben wir uns bereits verständigt." Stong rückte seine Spezialbrille zurecht und fuhr fort: „Es war ohnehin die Absicht von Megadapt, die begabtesten Jugendlichen aus der hiesigen Umgebung für uns zu interessieren. Und es tut mir wirklich leid, daß die Umstände, unter denen sich diese beiden jungen Berühmtheiten hier eingefunden haben, von derartigen Komplikationen überschattet worden sind."

„Die Idee an sich finde ich ja sehr begrüßenswert, nur, was geschieht mit Rick? Was wird mit ihm sein, Mr. Stong, wenn Sie herausgefunden haben, was er an Bewußtseinsinhalten verloren hat?"

„Sie kennen ihn natürlich besser als ich, und ich will Ihnen auch nichts vormachen, wir bewegen uns mit Ricks Fall auf noch unerforschtem Gebiet."

Damit hatte Kay Powell denn doch nicht gerechnet. Sie saß jetzt kerzengerade im Stuhl. Stong bemühte sich darum, seine letzte Aussage zu entschärfen. Er wollte auf jeden Fall vermeiden, daß Ricks Mutter jetzt eine Szene machen würde. So versuchte er, ihr den Eindruck zu vermitteln, es werde alles für Ricks Wohlergehen getan. „Ein paar Leute sind gerade dabei, die Werkstatt von Tom Benson hierherzuverlegen. Wenn Ihr Sohn etwas aus seiner vertrauten Umgebung vorfindet, wird er sich bald sehr viel geborgener fühlen.“

In der Zwischenzeit hatte Tom den Leuten von der Megadapt-Transportabteilung gezeigt, wohin jedes Gerät gehörte. Innerhalb von drei Stunden hatten sie in einem leeren Lagerschuppen eine funktionstüchtige Werkstatt eingerichtet. Nun rief Tom über ein Handvistaphon nach Mr. Stong, der ein paar Sekunden später auch schon auf dem Monitor zu sehen war und wissen wollte, ob alles geklappt hätte.

„Wunderbar“, antwortete Tom. „Jetzt würd ich nur noch gern wissen, was mit dem neuen Tempest-T geschieht, wenn wir ihn fertiggebaut haben werden.“

„Natürlich werdet ihr das Gerät behalten.“

„Für die Forschungsausstellung in Stanton?“ hakte Tom nach.

„Selbstverständlich.“

Rick war inzwischen zur neuen Werkstatt begleitet worden. Tom strahlte seinem Freund entgegen.

„So, hier haben wir alles, was wir brauchen; dann wollen wir doch mal sehen, welchen Nobelpreis wir uns heute erbasteln werden.“

„Mensch, wie in unseren besten Zeiten!“

Über die Kontrollbildschirme in Stongs Büro beobachteten Norse und Stong, wie sich die Jungen an die Arbeit machten. So konnten die Männer auch Schritt für Schritt die Entwicklung des Tempest-T verfolgen.

Nachbau mit Fernzündung

Während der nächsten drei Tage bauten Rick und Tom Tempest-T Nummer zwei. Wenn sie müde waren, gönnten sie sich ausgiebige Pausen. Verpflegt wurden sie nicht schlecht. Es schmeckte ausgesprochen gut. Genauso prompt wie ihre Essenswünsche wurden auch die Bitten nach Bauteilen und Werkzeug erfüllt.

Als es soweit war, daß die gemäß den Layouts geätzten Leiterplatten bestückt werden mußten, zeigten sich bei Rick Anzeichen von Streß.

Ein helmartiges Gerät, ähnlich einer Zahnarztlampe von anno tobak, gab ein für diese Arbeiten besonders günstiges Lichtspektrum. Trotz eines halbautomatischen Laserlötgerätes blieb es eine schwierige Fummelei. Die Jungen hatten vor, das Gerät so kompakt wie möglich zu bauen, um günstige Gehäuseabmessungen zu erreichen. Entsprechend eng ging es auf den Platinen zu.

„Ein Päuschen?"

Tom erschrak, als Rick beim Aufstehen vom Arbeitstisch zurücktaumelte, leicht wankte und schließlich in den Stuhl an der Wand sackte.

„Eine gute Idee – bevor es an den schwierigsten Teil geht, brauch ich erst wieder Power."

„Es hat auch gar keine Eile, bis jetzt waren wir ganz schön fix."

„Aber eins ist doch klar, je eher wir fertig sind, desto schneller sind wir von hier weg."

Während Rick noch sprach, zeigte Tom auf die Zimmerdecke. Rick hatte kapiert: Dort, wo sonst der Stutzen der Sprinkleranlage zu sehen sein mußte, war gut getarnt eine Kamera montiert.

„Mensch, wie hast'n die entdeckt?" raunte Rick und stand langsam auf.

Tom tippte mit dem Finger auf den Beleuchtungsspiegel des Stereomikroskops; deutlich war im Spiegel zu sehen, wie das Objektiv sich beim Zoomen bewegte. Seine Betroffenheit setzte Rick in Ironie um. „Wenn die hier was für ihr Fotoalbum brauchen, sollten wir vielleicht Mona noch dazubitten."

„Vielleicht bekommen wir ja eine Kopie der Aufnahmen, die könnten wir auch auf der Messe zeigen, so ein paar ausgeflippte Spots wären doch ganz gut. Wenn wir die Leute erst mal anlocken, haben wir schon halb gewonnen."

Stong war nichts entgangen. Norse erkundigte sich, ob Stong denn zufrieden wäre mit dem Fortgang der Arbeit. Auch während sie sich unterhielten, ließen sie die Bildschirme nicht aus den Augen.

„So weit ja. Schade, daß wir es nicht so deichseln können, daß sie hier für uns weitere Instrumente entwickeln."

„Leider, du weißt ja, was nun mal dagegenspricht."

„Siehst du überhaupt keine Chance?"

„Nicht die geringste."

Tom und Rick wollten mit dem Tempest-T nun möglichst bald fertig werden und endlich wieder an die frische Luft kommen. Jetzt waren sie gerade am kniffligsten Teil der ganzen Arbeit.

„Den ersten EPROM!" Mit einer selbstladenden und kontrollierenden Testroutine, die Tom von der Diskette abgerufen hatte, war der Mikroschaltkreis programmiert.

„Den nächsten..."

Rick drückte die fertigen Chips in ihre Sockel, während Tom noch mit dem Programmieren der restlichen „Tausendfüßler" beschäftigt war.

„So, das wär's", flüsterte Rick. Beide waren erleichtert, daß es beim anschließenden Überprüfen der fertigbestückten Steckkarten keine Störungen gab. Während Tom die Aufzeichnungen mit den Bestückungslisten langsam und mit viel Geraschel zerknüllte, teilte er so leise, daß vom Mikrofon die Schwingungen nicht aufgenommen werden konnten, seinem Freund mit, er werde das Teil für den Transaktionsprozessor ein wenig frisieren, bevor sie das Gerät aushändigten. Um die Kamera an der Decke auszutricksen, beugte Rick sich dicht über den Arbeitstisch. Inzwischen legte Tom einen Lichtleiter ein, so daß eine kaum sichtbare Schleife um den Sender entstand.

„Damit wird's gehn."

Jedesmal, wenn sie eine Arbeit beendet hatten, lief ein kurzes Ritual zwischen Tom und Rick ab. Es war ihnen zur Gewohnheit geworden, sich die Hände zu schütteln. Danach betrachteten sie nun fast andächtig das neugebaute Tempest-Modell. Gleich darauf stand auch schon eine Gruppe von Megadaptleuten in der Tür.

„Würdet ihr bitte mitkommen?"

In ihrer Vorstellung sahen sich die beiden schon auf einem Empfang, den der Chef von Megadapt und andere wichtige Leute für sie geben würden. Nach einigen Schritten jedoch fiel ihnen auf, daß sie nicht zum Büro von Williard Stong geführt wurden. Ein Dobermann schlich durch den Flur. Dann lasen sie auf einer Leuchttafel: „Nur für medizinisches Personal." Die Begleiter drückten auf einen Knopf in der Wand, woraufhin sich lautlos die Flügel einer Schiebetür teilten, und ein Mann im Chirurgenkittel auftauchte. Hinter Tom und Rick schloß sich die Tür wieder. Samuel Norse kam auf sie zu.

„Gute Arbeit, hab ich gehört. Seid ihr denn auch zufrieden?"

„Vor allem, wenn wir Gelegenheit haben werden, das Gerät zu testen", meinte Rick. „Jetzt müßten wir aber mal dringend etwas Frischluft atmen und uns ordentlich die Beine vertreten – ich kann das Geräusch dieser Klimaanlage bald nicht mehr ausstehen."

„Damit, mein lieber Rick, wirst du noch etwas warten müssen, wir wollen noch einen anderen Test durchführen. Dein Freund Tom kann schon gehen."

Tom suchte Ricks Blick und hob für einen Moment die Augenbrauen. Rick kannte diese Reaktion von Tom in Situationen, in denen er nicht wußte, was er tun sollte. Tom wollte seinen Freund hier nicht zurücklassen, andererseits mußte er wohl gehen, wenn Rick noch weiter medizinisch durchgecheckt werden sollte.

„Okay?" fragte er zu Rick rüber. Der lachte nur ein wenig verunsichert und schickte ihn geradezu weg.

„Ist schon okay, schwing deine Hufe, alter Junge!" Tom wurde hinausbegleitet, und nach einigen Sekunden hörte er Rick rufen: „Und zieh 'ne Tüte Luft für mich mit rein."

Bevor Tom das Werksgelände verlassen konnte, mußte er noch einige Formblätter ausfüllen und noch mal in

Stongs Büro vorsprechen.

„Da wir auf diesem Bereich weiterforschen wollen, möchte ich dich jetzt bitten, diese Kopien durchzusehen." Noch ein Händedruck und Stong verabschiedete sich von Tom. Als Tom einige Seiten des Stapels durchgesehen hatte, staunte er, wie schnell eine Kopie der Aufzeichnungen ihrer Gespräche und Arbeitsschritte fertig war, obwohl er wußte, wie schnell Drucker arbeiteten. Schlagartig war Tom klargeworden, daß nun jeder, der dieses Programm in die Hand bekam, den Tempest-T nachbauen konnte. Eine Stunde etwa mußte Tom auf die Rückkehr seiner „Eskorte" warten, die eigentlich nur an Stong weitergeben wollte, ob alles in Ordnung wäre. Oft hatte Tom währenddessen an Rick denken müssen und wäre bei den jetzt laufenden Tests nur zu gern dabeigewesen. Weil ihm gerade nichts Besseres einfiel, drehte Tom den Bildschirm von Stongs Computer zu sich herum und tippte „Codeabfrage" ein, woraufhin die Aufforderung zu lesen war: „Geben Sie bitte Ihren Namen und die Kennziffer Ihrer Dienststelle ein." Jetzt wurde es schwierig, da er nicht ganz sicher war, welche Nummer er eintippen sollte, aber er meinte sich zu erinnern, daß es D 701 gewesen sein dürfte. Dazu gab er Stongs Namen ein, und – tatsächlich, es war der richtige Code gewesen. „Danke Mr. Stong, D. 701." Jetzt liefen Listen über den Monitor, auf denen das Personal, die Versuchsabteilungen und freien Mitarbeiter verzeichnet waren. Dann sollte Tom die Frage beantworten, was von all dem er denn zu sehen wünsche.

Tom gab ein „Code: Standardschlüssel für chiffrierte Daten". Hier stockte das Programm, und vom Flur her hörte Tom Schritte. Tom atmete heftig und nahm nur noch sein Herzklopfen wahr. „C*94DK39*Ec2*g+3–R**“. Verdammt, war die Formel schwer zu behalten. Er sagte sie sich vorwärts und rückwärts vor, in der Hoffnung, irgendeine Eselsbrücke zu finden. Plötzlich war der Bildschirm wieder leer, und es kam dann nur noch die Zeile: „Das System wünscht Ihnen noch einen schönen Tag, Mr. Stong.“ Sekunden später stand Stong selbst im Zimmer und entschuldigte sein langes Wegbleiben. Ein wenig wunderte er sich darüber, daß Tom auf und ab ging, und sich dabei so sehr konzentrierte, daß er zunächst gar nicht auf Stong reagierte.

„Ach – das macht wirklich gar nichts“, erwiderte Tom. Auf die Frage, ob die Programme und Graphiken richtig seien, nickte er. Durch das Labyrinth von Gängen begleitete Stong den Jungen zur Empfangshalle, wo sich gerade eine Gruppe vor den Schaukästen der Werbeabteilung aufhielt; ihrer Kleidung, den Fotoapparaten und einer bestimmten Art von Umhängetaschen nach waren es offenbar Touristen.

„Ich dachte, dieses Gelände wäre eine Art Sperrgebiet.“

„Ist es auch, nur hin und wieder laden wir Wissenschaftler und Politiker aus dem Ausland ein.“ Stong drückte einen Knopf, und sogleich stand ein drahtiger Typ vom Werkschutz in der Tür, der Tom nach Hause fahren sollte.

„Nochmals vielen Dank für die Mitarbeit.“ Stong wollte sich schon umdrehen, als Tom noch nach Rick fragte.

„Ach ja, Rick... Nun, sobald er die speziellen Tests durchlaufen hat, werden wir ihn entlassen. Seine Mutter hat sich mit den Experimenten bereits einverstanden erklärt.“ Damit verabschiedete sich Stong endgültig und ging hinüber zu der wartenden Besuchergruppe. Mit einigen von ihnen war Mr. Norse schon in ein Gespräch vertieft.

Die Bemerkung, daß der Wagen warte, riß Tom aus seinen Beobachtungen. Am Pförtnerhäuschen hielt der Fahrer kurz an. Vom Rücksitz aus schaute Tom auf die Schranke, ohne eigentlich richtig hinzusehen. Hinter dem Schlagbaum lehnte ein Mann im Chauffeursanzug an einem Wagen, der genauso aussah wie der, in dem Tom jetzt saß. Das Gesicht des Chauffeurs und seine Bewegungen, mit denen er gerade dem Pförtner einige Papiere übergab, kamen Tom bekannt vor. Es dauerte nicht lange, bis ihm einfiel, daß es sich um den Dolmetscher von der Tagung handelte. Tom versuchte, die Gestalt im Wageninneren zu erkennen. Leise stieß er die Luft durch die Zähne. Im Fond lehnte Dr. Fuentes, von dem er immer noch nicht erfahren hatte, wer er eigentlich war. Dr. Fuentes war also dabei, Megadapt zu besuchen. Was hatte er dort vor?

Eine unheimliche Vorführung

Zu Hause angekommen, wählte Tom über den RND-Microcomputer wieder und wieder seinen Vater an, aber auf der Schaltung zu Megadapt antwortete er nicht. Mr. Benson hatte seinen Piepser auf der Tagung verloren. Nicht einmal die Belegschaft seines Stadtbüros konnte ihn erreichen.

„Dann muß es eben ohne ihn gehen." Vielleicht, so dachte er, könnte er eine Lücke ausfindig machen, wenn er den Standardschlüssel der Data Encryption verwendete. Tom begriff nun, daß die Megadaptleute sehr clever gewesen waren, seine ganze Ausrüstung vorerst dort zu behalten. So war er auf Ricks Geräte angewiesen. Der größte Teil der Werkstatteinrichtung gehörte eigentlich sowieso Tom, denn jedesmal, wenn er wieder ein neues Gerät angeschafft hatte, brachte er das bisher benutzte zu Rick. Tom schaltete die Überwachungsroutine bei Mr. Chip ab und schickte ihn zum Hintereingang des Powellschen Hauses. Mit Hilfe eines Elektromagneten konnte der Roboter die Tür öffnen. Tom stieg die Treppe zu Ricks Zimmer hinauf. Mit dem Multirandom-Decoder hatten sie schon viele Codes geknackt. In das ehemalige Gerät von Mr. Benson hatte Tom eine Schaltung eingebaut, mit deren Hilfe der Maschinencode des bisherigen Systems mühelos entziffert werden konnte. Ein etwas altertümliches Modell derart aufzurüsten, dazu gehörte nach Mr. Bensons Auffassung schon einiges an Erfindungsreichtum, und er war dementsprechend stolz auf seinen Sohn.

Die Ereignisse der letzten Tage hatten an Toms Nerven gezehrt. Außerdem hatte er zuwenig geschlafen. Deshalb hielt er es jetzt nicht mehr für sehr wahrscheinlich, daß ihm die richtige Folge von Zahlen, Buchstaben und Zeichen des Codes einfallen würde. Nichtsdestoweniger probierte er die verschiedensten Kombinationen, doch der Computer meldete mit steter Regelmäßigkeit „negativ". Leicht entmutigt rollte er den Stuhl etwas zurück, stützte das Kinn in die Hand und starrte auf den Bildschirm. Nachdem er ein Weilchen so gesessen hatte, versuchte er es noch mal mit einigen Versionen, die er für geeignet hielt. Schließlich konnte er nichts anderes tun, als es immer wieder zu versuchen, sagte er sich, als er schon fast am Wegdämmern war. Das gleichmäßige Laufgeräusch des Gerätes hatte ihn beinahe einnicken lassen.

Bei Megadapt hatte sich im weiträumigen eleganten Foyer jene Gruppe von Honoratioren und Wissenschaftlern bei Drinks und leckeren Häppchen versammelt. In dem gedämpften Stimmengewirr waren unzählige Fremdsprachen zu hören. Ein Vorhang wurde beiseite gezogen, und Williard Stong hatte seinen Auftritt. Nun war es still geworden, die Zuhörer warteten gespannt.

„Meine Damen und Herren, ich darf Sie recht herzlich bei Megadapt begrüßen, dem Brennpunkt für zukunftsweisende Erfindungen und Entdeckungen." Bevor er mit seiner kleinen Ansprache begann, rückte er sein Blinden-Sicht-System zurecht.

„Kaum jemand dürfte das Ausmaß des technologischen

Fortschritts besser zu würdigen wissen als meine Wenigkeit. Sie werden verstehen, was es für einen Blinden bedeutet, mit Hilfe einer intelligenten Faseroptik wieder sehen zu können. Ich wage sogar die Behauptung, die Zukunft der technologischen Entwicklung gehört uns, gehört Megadapt. Und heute, meine verehrten Anwesenden, führen wir Ihnen ein Gerät vor, das die Bedingungen für zwischenmenschliche Kommunikation von Grund auf verändert."

Stong sprach zu jener Gruppe von Leuten, die Tom bei Verlassen der Firma bemerkt hatte. Um ihn deutlicher zu hören, waren sie näher herangerückt.

„Der Gründer dieser Firma, Mr. Dunn, ist für ein Jahr beurlaubt, und in dieser Zeit haben Mr. Norse und ich ein bislang noch nicht dagewesenes, hochkomplexes Programm entwickelt, das bis jetzt noch nicht einmal Mr. Dunn kennt."

Eine kurze Pause sollte die Bedeutung des Folgenden unterstreichen: „Unsere Firma hat mit dem gewaltigsten und vielschichtigsten aller Computersysteme experimentiert, nämlich mit dem menschlichen Gehirn."

Über Kopfhörer wurden die Simultanübersetzungen in den jeweils gewünschten Sprachen durchgegeben.

„Für unser neues Gerät, den Gedanken-Scanner, hat eine unserer Tochterfirmen, Alpha-Better, die Marketingkampagne übernommen. Dieses Gerät, verehrte Anwesende, ist in der Lage, Gehirnströme abzutasten, aufzufangen und aufzuzeichnen, und zwar aus den Bereichen des Gehirns, in dem die Gedanken entstehen. Nun werden Sie sich fragen, wofür ein solcher Apparat eingesetzt werden kann."

Stong schnippte kurz mit den Fingern, woraufhin ein Assistent mit einem Wagen hereinkam, auf dem der Gedanken-Scanner stand, der aussah wie ein umgebautes Terminal für medizinische Untersuchungen. Daneben der Mind-Printer, ein halbkugelförmiger Behälter aus Glas mit einer Unmenge von Mikroprozessoren der neuesten Generation im Innern. Mit einem Laserimpuls setzte der Assistent das Gerät in Gang, und plötzlich war das Hologramm eines menschlichen Gehirns zu sehen, durch das elektrische Impulse jagten und Gedankenmuster bildeten. Nahezu gespenstisch wurde diese Vorführung dadurch, daß das Gehirn von einem leuchtenden Schädel umgeben war. Eine Stimme aus dem Inneren des Gebildes fragte, wer diesen Apparat gebaut habe, und ob damit tatsächlich die elektrischen Ströme durch die Synapsen verfolgt, sowie aufgezeichnet werden könnten – er, der Sprecher würde dies bezweifeln.

Die Wissenschaftler reagierten geradezu erheitert angesichts der Situation, in der ein Hologramm offenbar sich selbst fragte, ob es auch wirklich existierte. Was sie allerdings nicht wissen konnten: Die Stimme gehörte einem Jungen, der einige Räume weiter gerade einem gefährlichen Experiment unterzogen wurde.

Während einige Zuschauer immer noch ihrer Verwunderung oder Skepsis Ausdruck gaben, versuchte Stong ihre Aufmerksamkeit auf einen Wagen aus Edelstahl zu lenken, den zwei Werkschutzleute hereinschoben. „Und nun unsere neueste und wichtigste Errungenschaft – der Tempest-T.“

Es dauerte nicht lange, bis alle um den Wagen standen und den komplizierten Aufbau des Gerätes bewunderten.

Ein gütig dreinblickender Herr, der Niels Bohr verblüffend ähnlich sah, wandte sich an Norse und wollte wissen, was man mit diesem Gerät anstellen könne. Mr. Norse legte nun seine Version der Entwicklungsgeschichte des Tempest-T dar.

„Wir hatten geplant, ein Gerät zu bauen, das elektronische Schwingungen auffangen kann, die der Computer unseres Großrechners aussendet. Und wie Sie ja wissen, setzt jede Datenbewegung eine elektromagnetische Schwingung frei. Ebenso jeder Ton, jede Schaltung, jedes Aufleuchten von Licht, ja jedes elektronische Ereignis – egal wo es sich ereignet und gleichviel wodurch hervorgerufen. Bis jetzt konnte man zwar einiges davon bereits festhalten, aber die Entfernung war dabei ein Problem; wie läßt es sich nun anstellen, daß aus den zahllosen elektronischen Ereignissen ganz bestimmte herausgefiltert werden? Wir haben darauf eine Antwort gefunden..." Norse zeigte auf das Gerät von Tom und Rick... den Tempest-T – Tempest für Sturm und T für Transceiver. Nun standen der Gedanken-Scanner, der Mind-Printer und der Tempest-T nebeneinander.

„Meine verehrten Zuhörer, es war keine Übertreibung, als ich auf der Einladung mitteilen ließ, mit unserer neuen Erfindung sei es möglich, die zwischenmenschliche Kommunikation von Grund auf zu ändern."

Mit seinen weiteren Ausführungen entwarf Stong beängstigende Visionen.

„Verbindet man den Tempest-T mit unserem Alpha-Better, so kann er in die Gehirnwellen eines jeden dringen, der sich innerhalb der Reichweite des Laserdetektors aufhält."

An dieser Stelle hielt Stong wieder aus rhetorischen Gründen eine Pause für angebracht. Ein paar skeptische Äußerungen beendeten das Schweigen, dann fuhr Stong fort.

„Mit dem Tempest-T können wir uns auf jede und auch beinahe beliebig weit entfernte Gehirnfrequenz einstimmen, mit dem Gedankenabtaster die elektrischen Impulse aufzeichnen, und zu guter Letzt wird mit Hilfe des Mind-Printers das Ganze wiedergegeben." Aus dem Stimmengewirr ließen sich Überraschung und Betroffenheit heraushören.

„Damit ließe sich ja auch unter Umständen die Staatssicherheit wirksamer garantieren."

„Aber auch die Gedanken des Präsidenten könnte man entschlüsseln. Stellen Sie sich vor, wenn er irgendwelche Strategien durchspielt..."

„Damit dürfte die Wissenschaft ihren Gipfel erreicht haben."

Selbstverständlich wollte jeder der Anwesenden diese Gerätekombination für seine Zwecke einsetzen, doch die Zuhörer waren sich schnell darüber im klaren, daß ja auch ihre Gedanken enttarnt werden könnten.

„Arbeiten die Geräte jetzt etwa?"

„Im Augenblick nicht", beruhigte Stong die Gäste, die erleichtert aufseufzten.

Manchem war es anzusehen, daß ihn die Neuigkeit erschreckt hatte.

„Falls keine weiteren Fragen mehr bestehen, zeigen wir Ihnen nun, wie diese Apparate funktionieren. Die einzige Voraussetzung hierfür ist das Gehirn mit seinen Wellen. Hierbei verhält es sich ähnlich wie mit den Fingerabdrük-

ken: Sie sind unverwechselbar."
„Aber erklären Sie doch mal, wie sie sich in das Gehirn anderer Personen einschalten können, wenn Sie es noch gar nicht kennen – wie wird das erfaßt? Und vor allem, wie können Sie denn jemanden für ihr Experiment herausgreifen, wenn der Betreffende es möglicherweise nicht zuläßt – gibt es denn eine Möglichkeit, so etwas unbemerkt zu tun?"

„Ganz einfach, auf dem Umweg über ein Spiel, nämlich das Biofeedback von unserer Tochtergesellschaft Alpha-Better. Dieses Laserdiskvideospiel steht in den Spielhallen herum, und so probieren es auch viele Leute aus. Dabei müssen sie einen Helm aufsetzen, über den die Alpha-Wellen aufgeschlüsselt und in unseren Computer des Großrechners eingegeben werden. Der zweite Teil des Spiels ist so angelegt, daß der Spieler mit seinen Beta-Wellen synchrongeschaltet wird. Wenn wir die Floppies dieser Versuche abspielen, erfahren wir, wer diese Leute sind, wie sie denken und noch andere Dinge, die wir für wichtig halten. Und jetzt, verehrtes Auditorium, eine kleine Sondervorführung des Biofeedback."

Mr. Norse erhob sich, und seine nun folgenden Worte verursachten bei den Zuschauern eine regelrechte Gänsehaut. „Bedenken Sie, daß jeder Spieler von nun an gewissermaßen unseren Apparaten nicht mehr entrinnen kann." Man hätte eine Stecknadel fallen hören können.

Gleichzeitig, in einem der anderen Räume, spürte ein sechzehnjähriger Junge, wie sein Bewußtsein für einen Moment den Körper verließ.

„Wo bin ich?"

„Wo möchtest du denn sein?“ Die Stimme, die Rick hörte, klang nach der eines alten Mannes.

„Zu Hause.“

„Dann bist du zu Hause“, suggerierte die Stimme.

Der bewußtlose Junge lächelte. „Danke.“

Seine Lider hatte man geöffnet, und es war fast nicht zu glauben, daß er unter dem gleißenden Licht nicht wieder zu Bewußtsein kam. In dem Dunkel der weit geöffneten Pupille sah man einen Augenblick lang das Spiegelbild eines Mannes, der sich ganz nah über ihn beugte, und irgendwo in Rick registrierte etwas diese Begegnung – es war Dr. Fuentes.

Ein Reporter packt aus

„Verlassen Sie sofort das Grundstück." Diese Aufforderung ertönte aus dem Gebüsch vor dem Powellschen Haus. Die scheppernde Stimme klang nicht wie die eines Menschen. Gemeint war eine Frau im Tennisdreß, die gerade über den Rasen vor dem Haus ging.

„Weisen Sie sich aus!"

Die Frau schob die Sonnenbrille in die Haare und blickte etwas belustigt auf den kleinen Roboter, der sich auf sie zubewegte.

„Weisen Sie sich aus, oder verlassen Sie sofort das Grundstück", wiederholte Mr. Chips.

Von einem Lieferwagen aus, der weiter unten in der Straße parkte, beobachteten zwei Megadaptmitarbeiter durch Ferngläser die Szene. Sie konnten es kaum fassen, daß ihnen diese attraktive Nachbarin bislang entgangen war.

Auf dem Hausmonitor hatte Mona die junge blonde Frau in Tenniskleidung gesichtet und eilte zur Haustür.

„Wohnt hier Rick Powell?"

Erst jetzt erkannte Mona, wer da vor ihr stand und bat sie herein. Bevor sie selbst zurück ins Haus ging, schaute sie noch mal die Straße entlang, ob der Wagen von Megadapt immer noch da parkte.

„Eine gute Tarnung, die Tennisklamotten, damit fallen Sie hier nicht auf."

„Das wollte ich auch um jeden Preis verhindern."

Auf Monas Klopfen kam Tom leicht genervt aus Ricks Zimmer und wollte wissen, was es denn nun schon wieder gäbe.

„Lindy Woods ist hier."

Tom machte einen Schritt rückwärts.

„Ich bin mit dem Auto gefahren, damit man nicht auf irgendeiner Passagierliste meinen Namen entdeckt, und meine Mitarbeiter parken zwei Straßen weiter. Ich hoffe nur, daß ich eure Beobachter mit meinem Aufzug täuschen konnte."

Tom erklärte ihr, daß Megadapt schon seit einer ganzen Weile hier Beobachter postiert hätte. Aber er wüßte immer noch nicht, was dort los sei.

Mit ihrem allseits bekannten Lächeln zog Lindy Woods eine schmale Schachtel aus ihrem Sportsack.

„Auf diesen Floppies ist alles gespeichert, was ihr über Megadapt erfahren wollt – vor allem die Dinge, nach denen ihr nicht zu fragen wagt."

Tom lud die Disketten über seinen Q-Drive, ein spezielles Laufwerk, das nicht nur automatisch die Formatierung einstellen und das Betriebssystem anpassen konnte, sondern mit einer besonderen Abschirmung ausgestattet war. So konnten keinerlei Streufelder austreten und von Geräten wie beispielsweise dem Tempest-T abgefangen und entschlüsselt werden. Jetzt konnten sie sicher sein, daß die Informationen nur hier im Zimmer lesbar waren.

„Ich bin froh, daß Sie Ricks Nachricht beantwortet haben, die er dem Reporter übermittelt hat. Erst dachte ich, Mona machte sich einen Spaß mit mir."

„Tät ich doch niemals."

„Ricks Hinweis kam genau im richtigen Moment. Einer

unserer Reporter sollte herausfinden, inwieweit die Alpha-Better-Lehrmethode für Schulen taugt, und ich drehte eine kleine Szene mit dem Biofeedback-Spiel."

„Und – was hat er herausgefunden?"

„Das bleibt jetzt wohl das Geheimnis der Spielhallen. Wenn man die Spieler befragt, klingen ihre Antworten so, als halluzinierten sie eben."

„Und was meinte der Reporter dazu?"

Lindy schluckte. Nach ein paar Sekunden sagte sie: „Nichts, gestern hatte er einen Unfall – er ist tot, nicht ganz zufällig, wie ich fürchte."

Zum erstenmal, seitdem dieses Abenteuer mit Stongs Besuch begonnen hatte, empfanden Tom und Mona Angst. Wenn die Megadapt-Leute bereit waren, einen Reporter ermorden zu lassen, was würden sie erst mit unbekannten Jugendlichen anstellen, die ihnen in die Quere kamen?

In der Zwischenzeit hatte das Terminal die Daten freigegeben. Der Megadaptbericht war schockierend. Seitdem Norse und Stong die Verantwortung für die Firma stellvertretend übernommen hatten, war Megadapt zu einer Art Staat im Staate geworden. An Personen, die Regierungsstellen verdächtig erschienen, vergab Megadapt Forschungsaufträge und gewährte ihnen Zugang zu geheimen Unterlagen. An zwei Diktaturen hatte die Firma technisches Fachwissen über neueste militärische Entwicklungen geliefert. Jedenfalls sah es danach aus, als wäre jeder Vorteil für Megadapt eine Gefahr für die Nation.

Tom wollte nun wissen, weshalb denn dagegen nicht irgend etwas unternommen worden sei. Und Lindy Woods meinte bitter: „Oft muß erst eine Katastrophe passieren, bevor eingegriffen wird. Schaut euch mal die anderen Firmen an, wißt ihr irgendwas über die?"

Auf dem Bildschirm erschien eine Liste mit vierzehn Firmennamen, die mit Computern zu tun hatten. Einige davon hatten ihren Sitz in Stanton.

„Klar. Die Schüler machen dort ihre Praktika."

Jetzt drehte sich Lindy Woods voll zu Mona und Tom herum.

„Wißt ihr, daß jede dieser Firmen in Wirklichkeit eine geheime Tochterfirma von Megadapt darstellt – so wie Alpha-Better? Was machen wir jetzt bloß?" Lindy Woods war ratlos.

Tom schob einen Karton beiseite, in dem Steckkarten für diverse Interfaces lagen, und schaute durch das Sichtfenster an der Gehäuseseite des Multirandomdecoders auf die beleuchtete Flüssigkristallanzeige im Innern des Geräts. Dann nahm er einen Haftnotizzettel, notierte eine Zeichenfolge und klebte sie wortlos Mona auf den Handrücken. Mona blickte verdutzt auf den Zettel und zog ihn ab, um ihn zu lesen.

„Na, soll das ein verschlüsselter Liebesbrief sein, oder ist's das Horoskop von Mr. Chips?"

„Diese Zeichen entsprechen wahrscheinlich genau dem Code, den ich bei Megadapt gesehen habe", erwiderte Tom ungerührt, „und von dem ich zwar die genaue Folge nicht mehr weiß, mir aber wenigstens merken konnte, aus welchen Zeichen sie besteht. Mein Cruncher hat die ganze Nacht über alle möglichen Zeichenkombinationen durchgespielt, und das hier dürfte es endlich sein – der Standardschlüssel für chiffrierte Daten:
‚C*94DK39*Ec2*G+3–R**'."

„Irre", rief Mona.

„Ich werd's gleich mal testen." Toms Augen glänzten.

„Nein, auf keinen Fall", protestierte Lindy Woods sehr energisch.

Tom konnte es nicht begreifen. „Wieso – warum nicht – damit kommt man doch sofort an die streng geheimen Infos bei Megadapt ran."

„Und was wollt ihr tun?"

„Die Polizei rufen und Rick freibekommen."

„Bedenkt doch mal – wenn ich mich nicht täusche, benützt ihr deren Zentraleinheit von eurem Computer aus. Die bekämen doch sofort alles mit und hätten sehr schnell heraus, woher sie angezapft worden sind!"

„Und zwei Minuten später kämen die Typen aus dem Wagen mit Vorschlaghämmern hier an", ergänzte Mona die Überlegung von Lindy Woods.

„Fällt euch was Besseres ein?"

„Gib mir mal diesen Standardschlüssel, und ich leite ihn an eine der wichtigsten Personen im Lande weiter."

Tom wußte, daß Lindy Woods als Vorstand des „Rates für körperliche Gesundheit" fungierte, der dem Präsidenten sehr nahestand. Ihre Äußerung vorhin ließ keinen Zweifel daran, daß sie einen direkten Draht zum Büro des „Allerhöchsten" hatte.

Auf irgendeine Weise mußte das Problem doch zu lösen sein. So sprachen Mona, Tom und die Reporterin mögliche Vorgehensweisen durch, verwarfen sie aber wieder, bis sie einen – so schien es ihnen – ausführbaren Plan entwickelt hatten. Tom sollte als erster das Haus verlassen. Obwohl er keinen Führerschein hatte, würde er mit Ricks Sportwagen die Megadaptmitarbeiter von ihrem Beobachtungsposten weglocken. Autofahren hatte er schon auf den Übungsplätzen des Automobilclubs gelernt. Tatsächlich sah er im Rückspiegel, wie ihm das Megadaptauto folgte, nachdem er ein Stück die Straße entlanggefahren war.

Auch Mona hatte ihren Part: Sie rief zwei Freundinnen an, die sie gleich darauf im Vorgarten traf. Auch in diesem Fall hatten sie sich nicht verkalkuliert: die zurückgebliebenen Megadapter kamen betont lässig herangeschlendert und bemühten sich, mit den drei Mädchen ein möglichst zufällig wirkendes Gespräch anzuknüpfen. Somit waren die Beobachtungsposten abgelenkt, und Lindy Woods spazierte im Hausanzug von Monas Mutter über die Wiese. Mit einer Tasse in der Hand wirkte es, als ginge sie gerade mal auf ein Pläuschchen zur Nachbarin. Zwei Straßen weiter wartete in einem Transporter immer noch Lindys Mannschaft, mit der sie jetzt in Richtung Cartesian Freeway losstartete.

„Rick, hörst du mich?“ Immer wieder vernahm Ricks Bewußtsein diese Stimme. Mike Benson beugte sich über die Lehne eines großen Clubsessels und beobachtete Rick. Als Mr. Benson Dr. Fuentes und den Dolmetscher kommen sah, unterließ er es, noch einmal zu Rick vorzudringen. Fuentes und sein Begleiter nickten Mr. Benson kurz zu.

„Der Junge hat sehr gute Arbeit geleistet, geradezu genial, was er gebracht hat, deswegen ist er allerdings jetzt auch völlig erschöpft. Aus diesem Grunde halten wir es für angebracht, ihn noch weitere achtundvierzig Stunden zu beobachten.“

„Ich hielte es aber für sinnvoller, er käme in seine

häusliche Umgebung zurück."

„Mr. Benson, Ihr Ton ist etwas aggressiv. Haben Sie irgendwelche Vorbehalte, vielleicht im Zusammenhang mit Ihrem Vertrag?"

Mike Benson behielt lieber für sich, was ihm auf der Zunge gelegen hatte. In seiner Berufspraxis als Firmenberater war er zu der Überzeugung gekommen, daß Schweigen manchmal die beste Reaktion war.

„Wenn Sie es wirklich wollen, werden wir die Überführung des Jungen veranlassen."

Als Mike Benson wieder mit Rick allein war, redete er noch mal auf ihn ein. Diesmal aber hob er noch zusätzlich den Arm des Jungen etwas an, denn vielleicht wäre ja Ricks Bewußtsein über den Körper zu erreichen – hoffte er zumindest.

„Rick, du kannst nach Hause, hörst du!" Endlich blinzelte Rick und schlug die Augen auf. Er lächelte.

„Ich bin ganz groggy. Wie lange hab ich denn gepennt?"

„Auf jeden Fall zu lange."

„Ich hab eine richtige Matschbirne."

Mr. Benson half Rick beim Aufrichten, der nun allmählich einordnen konnte, wo er sich befand. Rick begann, sich im Zimmer zu orientieren, aber bald holte ihn ein Alptraum wieder ein, dessen Schauplatz ein anderer Raum auf dem Firmengelände war. Er konnte sich noch immer nicht klarmachen, daß dies die Nachwirkungen der Nacht unter dem Gedanken-Scanner waren.

Im großen Foyer verabschiedete sich Norse von Benson.

„Schade, daß Sie uns nun verlassen."

„Ich komme später noch mal, sobald ich den Jungen zu

Hause abgeliefert habe.“

„Mr. Benson, ich bedauere, Ihnen mitteilen zu müssen, daß wir Ihren Beratervertrag gekündigt haben. Sie bekommen eine Abfindung überwiesen. Auf Wiedersehen.“

Zuerst schluckte Mike Benson, dann aber atmete er auf. Während der letzten beiden Tage hatten sich derart viele Verdachtsmomente angehäuft, daß er nun ohnehin endgültig davon überzeugt war, bei Megadapt liefen krumme Sachen. Leider war er nicht dazugekommen, sich bestimmte Dateien anzuschauen, und hatte auch nichts weiter unternehmen können.

Auf der Fahrt nach Hause blieb Rick so reduziert, wie er es seit Tagen war. Mr. Benson hielt es für eine natürliche Reaktion auf die Belastung, der Rick während der schweren Arbeit ausgesetzt gewesen war.

Laura Benson rief Ricks Mutter in der Schule an, um ihr mitzuteilen, daß ihr Sohn wieder zurück wäre. Über seine Verfassung sprach sie nicht.

„Gut, ich komme“, beschloß Ricks Mutter.

Mona richtete noch Ricks Bett her, als Mr. Benson ihrem Bruder die Treppe hinaufhalf. Sobald er lag, war er auch schon wieder weggetreten.

„Die Nachricht ist unterwegs“, flüsterte Mona.

„Was für eine Nachricht?“ Mike Benson wußte nicht, was Mona andeuten wollte.

„Jeden Augenblick kann die Wahrheit über Megadapt herauskommen“, erklärte Mona.

Gern hätte er die ganze Geschichte erfahren, aber zuerst wollte er noch wissen, wo sein Sohn steckte.

Mona zuckte die Schultern. Sie wagte nicht, es zu sagen.

Der Spieß wird umgedreht

Jedesmal, wenn Tom in den Rückspiegel schaute, entdeckte er den gleichen Wagen hinter sich. Zuerst hatte er es für eine gute Idee gehalten, den Köder für die Beobachtungsposten von Megadapt abzugeben. Jetzt aber fühlte er sich unbehaglich, zumal er nicht wußte, wie lange seine Verfolger gedachten, sich an seine Stoßstange zu hängen.

Eins war jedenfalls sicher: In neunzig Minuten würde über das Satellitennetz der Sonderbericht kommen. Und Tom kannte den Inhalt der Sondersendung.

Die Schilder der Schellimbiß-Läden an der Straße erinnerten Tom daran, daß er bereits zwei Mahlzeiten hatte ausfallen lassen. Die Grafex Street war der kürzeste Weg zum Big Byte. Falls seine Verfolger dort nicht essen wollten – Pech für sie. Er kicherte vor sich hin. Gleich darauf hieß es für ihn wieder: Nerven behalten. Als er das Restaurant betrat, hielt gerade der Megadaptwagen an der Schmalseite des Parkplatzes. Tom mußte sich dazu zwingen, sich nicht ganz umzudrehen. Im Big Byte wurde gerade eine landesweite Sonderansprache des Präsidenten angekündigt. Während Tom seinen Doppeldecker-Sandwich aß, unterhielt er sich mit dem Mann hinter dem Tresen und fragte ihn so nebenbei, ob er denn wisse, was Mr. Präsident wohl kundzutun gedenke.

„Null Ahnung.“ Der Kellner schob die Unterlippe vor und zuckte die Achseln. Dann wurde sein Blick fester: „Aber ich kann dir sagen, was ich täte, wenn ich Präsident wäre. Ich würde sofort diese verdammten Spielhallen dichtmachen lassen."

„Wieso, die sind doch ganz okay!" Die Heftigkeit, mit der der Kellner geantwortet hatte, überraschte Tom.

„Du willst mich wohl verarschen? Es reicht wohl nicht, daß dort den Kids Geld aus der Tasche gezogen wird, und zwar auch solchen, die es sich nicht leisten könnten. Und daß in letzter Zeit die Kids auch noch ins Krankenhaus geschickt werden?"

„Schlägereien gibt's überall mal", hielt Tom ihm entgegen.

„Ich rede nicht von Schlägereien, ich meine, daß die Fans reihenweise voll ausklinken."

Mit einer Kopfbewegung deutete der Kellner zur Spielhalle am Platz.

„Dreimal waren heute schon die Sanis da. Die Kids wollen unbedingt das neue Spiel ausprobieren – ‚Fractions', oder wie es heißt –, flippen aus und kommen erst wieder im Krankenhaus zu sich."

Tom hätte sich fast an seinem Bissen verschluckt. Er lief zur Spielhalle hinüber, aber das Biofeedback-Spiel stand nicht mehr da. Es herrschte der übliche Betrieb: Teenies und auch etwas Ältere vergnügten sich mit Laserdiskspielen. Ein paar von ihnen standen um den Musik-Maker und übten sich im Komponieren einer Rock-Oper. Ein anderer Typ kaufte grade Spielbons.

„Habt Ihr das Biofeedback-Spiel?"

„Ist verboten worden – Anweisung von oben."

„Und hat man es schon abgeholt?" wollte Tom wissen.

Der Mann horchte auf und musterte ihn argwöhnisch. „Es steht noch unten, Kleiner. Wir warten nur, bis der ganze Rummel um das Ding vorbei ist. Wenn's dich interessiert – nächste Woche vielleicht."

Tom war jedoch klar, daß das Biofeedback-Fractions beschlagnahmt werden würde.

Schwach glimmte noch das Standlicht eines Megadaptautos, als Tom Ricks Sportwagen vor dem Haus der Powells abstellte. Mr. Chips drehte seine Runde – Tom konnte seinen Schatten sehen.

„Ricky pennt nur noch." Mona und Tom setzten sich in das Wohnzimmer der Powells, und Mona erzählte die Einzelheiten über Ricks Freilassung. Mrs. Powell sorgte sich sehr um ihren Sohn und meinte, er sollte wohl doch besser in eine Klinik gebracht werden. „Vielleicht liegt er ja in einer Art Koma."

Die Bensons kamen rüber, unter anderem auch deshalb, um ihren Sohn mal wieder zu Gesicht zu bekommen. Mr. Benson war etwas verärgert.

„Warum bist du mit dem Wagen gefahren?"

„Papa, es war echt ein Notfall."

„Himmel, wo du noch nicht mal den Führerschein hast", kam es immer noch etwas unwillig.

Daß er diesmal zu weit gegangen war, hatte Tom gecheckt.

Seine Mutter hatte auch noch etwas parat.

„Und dann läßt du auch noch den Zündschlüssel stekken." Dieses Thema wurde aber schnell wieder fallengelassen, denn auch Toms Eltern interessierten sich mehr dafür, wie es Rick mittlerweile ging.

Tom eröffnete seinem Vater, daß der Gedanken-Scanner sowie der Mind-Printer von Alpha-Better, aber auch das Biofeedback-Spiel in Wirklichkeit allesamt zu Megadapt gehörten.

„Außerdem weiß ich jetzt, daß diese Spiele an Rickys Zustand schuld sind. Im übrigen war es auch ganz offensichtlich, daß Stong und Norse uns dazu kriegen wollten, einen neuen Tempest-T zu bauen. Irgendwann tauchte dann Dr. Fuentes auf, und ich sag euch, der hat mehr an Ricky rumgetestet, als diese Typen zugeben wollen."

Nach kurzem Überlegen war Mike Benson klar, daß Ricks psychische Gesundheit gefährdet war und man jetzt schnell und gezielt handeln mußte.

„Sagt mal, habt ihr nicht irgendein hübsches Hintertürchen in den Tempest eingebaut?"

Mikes Anspielung wurde sofort begriffen. Mit einem sogenannten Hintertürchen behält man eine Zugriffsmöglichkeit auf die selbstentwickelte Software oder auch aufs ganze System, wenn man nicht mehr direkt über das Gerät verfügt. Auf diese Weise ließen sich alle später festgelegten Passwörter nachträglich umgehen.

Toms Vater wirkte auf einmal sehr zuversichtlich.

„Ich weiß, daß ihr überall einen eingebaut habt, zumindest in all die Geräte, bei deren Bau ihr mir geholfen habt."

Tom strahlte. „O bitte, Mrs. Powell, können Sie irgendwie in den Raum hinein, in dem die Ausstellungsstücke gelagert sind?"

Sie bedauerte. „Nicht um diese Zeit."

Tom schnellte herum zu Mona. „Aber Mr. Chips kann. Das Programm zum Abstellen der Alarmanlage und für das Ausschalten der elektromagnetischen Türschlösser steckt noch in ihm drinnen. Eigentlich sollte es ja erst bei der Messe eingesetzt werden, aber wir brauchen jetzt eines der Ausstellungsstücke ganz dringend."

Niemand verstand zunächst, worauf Tom hinauswollte. Nachdem er seinen Plan erklärt hatte, waren alle bereit, ihn zu unterstützen. Im Arbeitsraum suchte sich Tom ein spezielles Modem mit Laserschnittstelle und einen Satz von abgeschirmten Verbindungskabeln. Seinetwegen konnte es jetzt losgehen.

Zuerst mußte man wieder mal die Wachleute von Megadapt überlisten. Mrs. Powell packte Mr. Chips in den Kombi, damit er seinen Teil erfüllen konnte.

Auch Laura Benson ließ ihren Wagen an – als beide Autos in verschiedene Richtungen davonfuhren, wurden sie prompt von den Megadaptmitarbeitern verfolgt.

„Ricky, schnell – wach auf!“ Tom rüttelte seinen Freund mit aller Kraft. Er mußte ihn schnell aus dem Haus bringen. Mike Benson und Tom lotsten Rick auf die Rückbank des Sportwagens, und Vater Benson lenkte den Wagen zur Ausfahrt des Cartesian Freeway, hinter sich Polizeisirenen. Militärfahrzeuge mit bewaffneten Soldaten folgten. Tom sah die vielen Lichtwirbler an dem vertrauten Eingang. Immer mehr Polizei und Militär näherte sich dem Firmengelände von Megadapt.

Mike Benson drückte das Gaspedal noch weiter nieder. Plötzlich sahen sie neben sich einen Wagen der Zivilstreife mit eingeschaltetem Blaulicht, der sie zum Anhalten zwang. Benson kurbelte die Seitenscheibe herunter und schrie: „Um Himmels willen, Dalby, es geht um Minuten.“

Der Beamte kam auf den Wagen zu, sah Ricks kraftlosen Körper und gewährte ihnen sofort Geleitschutz.

„Irgendwie hatte ich mir schon gedacht, daß mit dieser Firma was nicht stimmt“, rief er. „Also los, mir nach.“

Mona aktivierte auf Mr. Chips' Mikro-Tastatur die Wachrundenroutine und rief die Entmagnetisierungsfunktion auf. Die Alarmanlage des Haupteingangs zur Stanton-High-School war nun stillgelegt.

„In welchem der Räume?" fragte sie.

„Weiß ich nicht, wir müssen wohl alle absuchen", antwortete ihre Mutter.

So drangen sie in den Teil der Schule vor, in dessen Räumen die Ausstellungsstücke aufbewahrt waren, und suchten alles ab. Schließlich hielt Kay Powell den Koffer mit dem Faseroptikwandler in der Hand.

„Ist es vielleicht das hier?"

„Könnte sein", meinte Mona, nachdem sie sich das Stück etwas näher angeschaut hatte. „Es kommt noch am ehesten hin." Dann nahm Mona den Koffer an sich, und die beiden gingen zum Wagen zurück. Nachdem sie die Alarmanlage wieder in Betrieb hatten setzen lassen, luden sie Mr. Chips wieder auf und fuhren los.

Sergeant Dalby hatte den Sportwagen auf den Parkplatz gelotst. Die meisten Gäste des Big Byte waren von den kreischenden Bremsgeräuschen nach draußen gelockt worden und beobachteten nun die Szene.

Rick war wieder bewußtlos. Dalby und Mike Benson hievten den Jungen aus dem Auto. Tom eilte – vollbepackt mit Werkzeugen – auf den Angestellten der Spielhalle zu und fragte nach dem Fractions-Stand.

„Jetzt hör mir aber mal zu, ich habe dir doch schon mal gesagt, daß es vorerst gesperrt ist." Hinter Tom betraten Dalby und Mr. Benson die Spielhalle mit dem bewußtlosen Rick im Arm.

„Polizeieinsatz“, belferte Dalby.

„Okay, okay, aber Sie müssen es vor dem Besitzer vertreten“, maulte der Angestellte und führte sie zwischen den Spielständen durch zu einer Kellertreppe. Dort unten standen defekte Spielautomaten und mittendrin stand das Biofeedback-Fractions-Spiel. Oben an der Treppe drängten sich jetzt die Gäste. Mrs. Powell und Mona versuchten durchzukommen.

„Hoffentlich haben wir auch das richtige Gerät mit.“

Tom nahm Mona den Koffer ab. „Phantastisch, Mona.“

Tom stellte das Gerät ab, packte seine Werkzeuge aus und verlangte nach einem Telefon. Der aufgeschreckte Spielhallenangestellte half nun, wo es ging. Er brachte das Telefon und steckte es an. In der Zwischenzeit war Rick auf den Stuhl des Biofeedback-Spiels gesetzt worden.

Den Koffer mit dem Energiewandler hatte Tom aufbrechen müssen. Hastig blätterte er in dem Ordner, der die technische Beschreibung enthielt. Als Tom den Wandler mit dem Telefon verbinden wollte, schlug er vor Verzweiflung mit der Faust auf den Boden.

„Was ist?“ erkundigte sich sein Vater.

„Verdammter Mist, mein Laserpulser ist noch bei Megadapt, und für diesen Wandler hier brauch ich den.“

Da kam dem Spielhallenangestellten ein Gedanke. Er zeigte auf einen Automaten in der Ecke. „Wie wär’s mit dem? Nur der Spielbons-Einwurf ist da kaputt.“

„Na ja, vielleicht klappt es auch damit.“ Tom war skeptisch. Aber mit Hilfe seines Vaters gelang es schließlich, die Laserbaugruppe abzumontieren. Da diese Lasereinheit nur als Lesevorrichtung zum Abtasten der Bildinformation auf der Spiel-CD diente, war sie bestens geeignet, Toms Pulser zu ersetzen. Das Schwierigste war jetzt, den Energiewandler mit dem Pulser verlustfrei zu verbinden und das Ganze an das Modem anzupassen. Es funktionierte! Tom nahm sein Modem und steckte das Telefon in die Schaumstoffmuscheln des Akustikkopplers. Mit Hilfe des eingebauten Mikrocomputers wählte er Megadapts Geheimcode an.

‚C*94DK392*Ec2*G+3–R**'. Der Standardschlüssel für chiffrierte Daten erschien auf der LCD-Anzeige des Micros. Mr. Benson stand neben dem Biofeedback und hielt den Helm über Ricks Kopf. Es war ganz still.

„Mr. Stong?" Der Computer von Megadapt reagierte.

„Gesucht: Verbindung zum Tempest-T", tippte Tom ein.

„Verbindung hergestellt", war Sekunden später zu lesen.

Tom bat seinen Vater, das zweckentfremdete Lasergerät aus dem Spielautomaten einzuschalten. Die Faseroptik leuchtete auf, und die Verbindung zwischen Wandler und Modem war hergestellt.

Plötzlich richtete sich Ricks Körper auf. Bruchteile von Sekunden danach schrie er: „Umpolen!!"

Samuel Norse und Williard Stong reagierten blitzschnell, als sie sahen, wer da anrückte. Auf den Monitoren in Stongs Büro hatten sie Polizei und Militär auf das Gelände kommen sehen.

„Schnell, ändere den Code", schrie Stong.

Der Gedanken-Scanner, Mind-Printer und der Tempest-T waren an den Computer des firmeneigenen Großrechners angeschlossen. Als Norse nach seiner Chiffrier-Karte griff, begann der Tempest-T zu arbeiten. Dann liefen plötzlich beide Apparate synchron.

„Ich komm nicht rein, alle drei Kisten brechen zusammen. Umpolen!!!“

In seiner Panik stolperte Stong über die Großrechnerkabel und fiel gegen den Gerätewagen; Funken sprühten, als dieser krachend umkippte. Dann lag Stong am Boden und tastete nach seiner Sehhilfe, die er verloren hatte. Eine weiße Stichflamme schoß aus dem Tempest-T. Das Innenleben von Gedanken-Scanner und Mind-Printer schmolz in der Hitze des gewaltigen Kurzschlusses zu einem glühenden Gewirr, aus dem schließlich beißender Qualm aufstieg und die beiden Männer unter bellendem Husten zur Labortür trieb.

Ein Autogramm für den Fernsehstar

Die Ausstellung wissenschaftlicher Neuigkeiten fand wie angekündigt statt. Die High-Schools, Junior Colleges und technischen Institute von Stanton nahmen daran teil. Einige Forscher, die bei Computerfirmen angestellt waren, zeigten die Ergebnisse ihrer privaten Arbeiten. Unter den Besuchern gab es auch einige, die auf der Suche nach Erfindungen waren, um sie unter Lizenz zu nehmen.

Die Satellitennachrichten hatten ihre Teams geschickt, die nun ausgeschwärmt waren, um die interessantesten Stände vor die Kameras zu bekommen. Einmal im grellen Halogenlicht der Scheinwerfer zu stehen, bedeutete natürlich auch für die interviewten Aussteller stärkeres Besucherinteresse. Lindy Woods als Star ihres Reporterteams hatte den größten Schwarm von Neugierigen und Fans im Gefolge. „... und hier ein weiteres Beispiel für die Forschung im Bereich der Landwirtschaft." Dabei zeigte sie auf das Modell einer Farm. „Würden Sie uns bitte zeigen, wie dieser computergesteuerte Biodüngerverteiler mit Depotwirkung arbeitet?"

Zwei Studenten setzten die Maschine in Gang. Über winzigen Feldern ging eine weiße Sonne auf und wieder unter. Damit sollten einige Sonnentage simuliert werden. An der Vorderseite des Aufbaus waren im Bodenquerschnitt die verschiedenen Schichten zu sehen, aus denen die Ackerkrume bestand. Sobald ein bodensensorgesteuertes Meßgerät signalisierte, daß der Nährstoffgehalt angereichert werden mußte, wurde aus einem Verteilersystem ganz automatisch die genau dosierte Biodüngermenge aufgebracht. Auf diese Weise ließ sich bei geringster Schadstoffbelastung der Ernteertrag optimieren.

Lindy Woods dankte für die Vorführung und beglückwünschte die beiden Studenten zu ihrem Forschungsbeitrag.

Die Kameras schwenkten ab, und als Lindy sich vom Stand entfernte, kam ein Mädchen auf sie zugelaufen.

„Mona, ich hab dich schon vermißt!"

„Schön, daß Sie hier in unserer Stadt sind, Mrs. Woods. Dieses Mal müssen Sie nicht befürchten, irgendwohin gehetzt zu werden. Bleiben Sie noch ein wenig hier in der Gegend?"

„Ich mach grad meine Tour hier. Das gibt den nächsten Bericht nach der Riesenstory von letzter Woche: ‚Drei Freunde lassen Megadapt auffliegen'."

Sie lachten beide und waren recht froh darüber, daß alles so gut gelaufen war. Williard Stong und Samuel Norse waren einer ganzen Reihe von Vergehen angeklagt worden. Sie konnten nicht damit rechnen, bald freigelassen zu werden. Dr. Fuentes wurde in sein Heimatland abgeschoben, wo er wegen weiterer Verbrechen gesucht worden war. Der Firmengründer von Megadapt, Mr. John Dunn, hatte seinen Urlaub unterbrochen und war nach Stanton geeilt, um in seinem Werk nach dem Rechten zu sehen. Die Biofeedback-Spiele mußten allesamt zerstört werden. Den Jugendlichen, die unter den Nachwirkungen litten, war

Hilfe zugesichert worden. Und die Behandlung versprach auch Erfolg. Rick Powell war mittlerweile wieder in Bestform.

„Und was macht dein Freund?“ erkundigte sich Lindy Woods.

Mona errötete.

„Sagen Sie so was bitte nicht, wenn er in der Nähe ist.“

„Ist er denn nicht dein Freund?“

„Ach ja, doch, irgendwie schon, aber er will's nicht zeigen.“

„Okay, ich wollte ja auch nur wissen, wie es Tom geht.“

„Er ist wieder dabei, die Stände der Kollegen abzugrasen“, lächelte Mona.

In einem Seitenflügel der Halle schlenderte Tom von Stand zu Stand und besah sich die Neuigkeiten. Er suchte auch die drei älteren Schüler auf, die den Faseroptikwandler entwickelt hatten und sagte ihnen wie froh er war, daß es so schnell noch geklappt hatte. Sie wiederum bedankten sich bei ihm für den unverhofften Test. Dann ging er noch zu einigen anderen Mitschülern, deren Arbeiten ihn schon immer interessiert hatten.

„Abgeschaltet?“

Die Aufschrift hing über einem kleinen Modell eines Kernreaktors. Drei Collegeschülerinnen bemerkten Tom, und jede erläuterte ihm den Vorgang auf höchst präzise Weise.

„Es geht um die sichere Endlagerung von Kernbrennstäben. Wie du ja weißt, kann man alle Reaktoren nur eine Zeitlang betreiben. Dann können sie gefährlich werden.“

Das dritte Mädchen wagte es nicht, dem „Einstein von Stanton" irgend etwas zu erklären.

Rick Powell führte den Tempest-T vor und erläuterte, weshalb er nicht seine volle Wirkung zeigen könnte.

„Unser zweites Modell ging drauf, als die anderen Geräte von Megadapt zerstört wurden – die Geschichte kennt ihr sicher."

Die meisten erinnerten sich sehr wohl. Deshalb kamen zum Messestand der beiden auch die meisten Besucher.

„Dies hier ist die erste Fassung, die wir gebaut haben. Die von Megadapt haben da dran rumgepfuscht, aber wir haben uns bemüht, es wieder hinzukriegen."

Rick schaltete das Gerät an, und sofort zeigte ein Monitor die Emissionswerte der anderen Ausstellungscomputer an. Rick veränderte die Wellenlänge und konnte so aus jeder beliebigen Richtung die Werte bekommen. Der Tempest-T wandelte alle aufgefangenen Signale in die ursprünglichen Programme um.

Lindy Woods traf Tom in der Nähe des Ausstellungsstandes der Freunde. „Ach, da bist du ja", rief sie und gab ihm ein Küßchen auf die Wange. Tom wurde leicht rot.

„Ich mache doch deine Freundin hoffentlich nicht eifersüchtig?"

„Mona, was hast du ihr denn erzählt?"

„Och, gar nichts."

Lindy nahm Toms Arm. „Viele Leute sind uns dankbar, daß wir die Verbrechen von Stong, Norse und Fuentes aufgedeckt haben. Deshalb will euch der Präsident sehen."

„Wir haben nur unsere Pflicht getan", murmelte Tom.

„Und darüber hinaus habt ihr auch noch den Geschädigten dieser Spiele dazu verholfen, wieder gesund zu werden."

„Dazu war nichts weiter nötig, als die Wirkung des Tempest-T noch einmal umzukehren." Toms Bescheidenheit war nicht gespielt. Das Team vom Satellitenfernsehen richtete jetzt die Kameras auf das Trio und dann auf Lindy Woods, die wieder einen ihrer Sonderberichte gab. Den Zuschauern erklärte sie, daß es bei der Stantoner Messe nicht nur darum gegangen wäre, wissenschaftliche Neuigkeiten vorzustellen, sondern daß hier die drei jungen Forscher beteiligt waren, die sich um die Nation verdient gemacht hätten. Dann bat sie jeden der drei – bei laufenden Kameras – um ein Autogramm.

Wichtige Begriffe aus der Computerwelt von heute und morgen

10 9110-10

Akustikkoppler

Ein richtiger Hacker will mit seinem Computer auch Verbindung zu anderen Computern herstellen, die nicht einfach unmittelbar nebeneinandergestellt per Kabel miteinander gekoppelt sind. Über Telefonleitungen können Computer, die meilenweit voneinander entfernt sind, miteinander „telefonieren“. Dazu benötigt man ein Anschlußgerät, entweder den Akustikkoppler oder ein MODEM.
Der Akustikkoppler ist ein Gerät, in das die Muscheln eines Telefonhörers geklemmt werden und mit dessen Hilfe Computer miteinander „telefonieren“ können. Die in digitalen Impulsen gespeicherten Daten, die von einem anderen Computer übertragen werden sollen, werden in übertragungsfähige hörbare Signale (= Töne) umgewandelt. An der Empfangsstelle der Daten werden die Schallwellen von einem anderen Akustikkoppler wieder in elektronische Impulse übertragen. Akustikkoppler müssen in der Bundesrepublik von der Post genehmigt werden. Eine ähnliche Aufgabe erfüllt das MODEM. Der Begriff steht für Modulator/Demodulator. Es werden auch hier elektronisch gespeicherte Daten in übertragungsfähige Impulse umgewandelt, allerdings direkt und nicht auf dem Umweg über die Schallwellen des Telefonhörers.

Benutzercode

Siehe auch Code, Paßwort

Ein Code, mit dem sich der Benutzer für den Computer zu erkennen gibt. Nach Eingabe des Codes überprüft der Computer anhand vorgegebener Daten, ob der angemeldete Benutzer zugangsberechtigt ist.

Betriebssystem

Siehe Software

Byte

Eine Achtergruppe von „Einsern“ oder „Nullern“, also 8 Bits. Ein Byte ist die gebräuchlichste Einheit, die meist gleichzeitig von Computern verarbeitet wird. Acht Bits, also ein Byte, genügen, um ein numerisches oder alphanumerisches Zeichen eindeutig darzustellen. Damit läßt sich dann ausrechnen, wieviel Text in einen Computer mit definiertem Speichervolumen paßt.

Code

Ein System, mit dem man Informationen verschlüsselt. In der Computerei kann das eine Programmiersprache sein, etwa ein binär verschlüsselter Maschinencode oder auch ein symbolischer Code, der aus Befehlskürzeln besteht, die man sich verhältnismäßig einfach merken kann.

Cursor

Ein sichtbarer „Zeiger“ auf dem Bildschirm, der angibt, an welcher Stelle des Bildschirms Eingaben gemacht werden können. Dieser Zeiger kann die Form eines Rechtecks haben oder die einer eckigen oder spitzen Klammer, oft auch einer Linie, die unter der Stelle steht, an der ein Zeichen auf den Bildschirm geschrieben werden soll. Meist ist diese „Schreibstelle“ daran zu erkennen, daß sie immerzu blinkt.

Datei

Dieses Wort ist aus „Daten" und „Kartei" entstanden. Gemeint ist damit eine Sammlung zusammengehörender Daten. Diese Daten können fest im Computer gespeichert vorliegen, also resident sein (im ROM) oder auf Diskette, Band, Magnetplatte oder Laserdiskette gespeichert sein. Dort kann man sie verändern oder löschen. Die Daten werden innerhalb einer Datei nach der jeweils zweckmäßigsten Form geordnet, so daß man sie entsprechend dem Verarbeitungszweck möglichst wirkungsvoll abrufen, miteinander verbinden und verarbeiten kann. Hierzu müssen alle Daten auf einem der genannten Speicher vorliegen und unter einem Dateinamen aufgerufen werden können. So läßt sich beispielsweise eine Datei mit den Geburtstagen aller Freunde, mit Kochrezepten oder Telefonnummern anlegen, die auf einer Diskette abgespeichert ist.

Datenübertragung

Jede Art von Übertragung elektronisch gespeicherter Daten. Die Daten können etwa zu einem Terminal im gleichen Gebäude oder zu einem Computer in einer anderen, weit entfernten Stadt übertragen werden. Dazu bedient man sich der Standleitungen von der Post. Dies nennt man auch Datenfernübertragung (DFÜ). Werden die Daten nur innerhalb der Rechenanlage übertragen, dann benötigt man verschiedene Kanäle.

Diskette

Wegen ihrer Biegsamkeit auch Floppy genannte, runde Kunststoffscheibe, die fest in einer Hülle untergebracht ist. Auf der magnetisierbaren Schicht dieser Scheibe kann man Daten speichern und gespeicherte Daten abrufen. Hierzu muß sie in ein Laufwerk geschoben werden (siehe auch *Festplatte*).

EPROM

Abkürzung für „*e*rasable and *p*rogrammable *r*ead *o*nly *m*emory“ – durch ultraviolettes Licht löschbarer und dann über den Computer neu programmierbarer Festwertspeicher, der spezielle Funktionen steuern kann.

Festplatte

Magnetisierbare Platte zum Speichern von Daten und Programmen. Sie ist im Gegensatz zur Floppy (Diskette) nicht aus dünnem, biegsamem Kunststoff, sondern aus Aluminium und fest in ein Laufwerk eingebaut. Man kann sie daher auch nicht auswechseln wie eine Floppy. Dafür hat sie sehr viel mehr Speicherplatz, nämlich über 50 Megabyte (5¼ Zoll), was ungefähr 30 000 vollen Schreibmaschinenseiten entspricht. Hingegen besitzt derzeit eine 8-Zoll-Floppy nur etwa 1,2 Megabyte Speicherkapazität. Auf der Festplatte kann man auch schneller abspeichern und rascher Daten abrufen als auf der Diskette.

Festwertspeicher

Ein Speicher, dessen Inhalt fest vorgegeben ist und daher beim Zugriff nicht verändert werden kann (ROM = read-only memory) – im Gegensatz zum Arbeitsspeicher oder zum EPROM, der auch vom Benutzer nach dem Löschen neu programmiert werden kann.

Floppy-Disk

Siehe Diskette

Hardware

Darunter versteht man die technische Seite der Datenverarbeitung, also den Computer und seine anschließbaren Geräte, wie etwa *Monitor, Terminal, Modem, Diskettenlaufwerke* usw.
Die Software aber bringt die Hardware erst zum „laufen".

high-tech (sprich: hei-tek)

Kommt vom englischen Ausdruck high technology und ist die Bezeichnung für neueste technische Geräte und Verfahren.

Magnetspeicher

Jede Art der Datenspeicherung, bei der die Daten auf einem magnetisierbaren Träger festgehalten werden.
Dazu gehören Diskette, Festplatte, Magnetband und früher auch noch die Magnettrommel.

mainframe (sprich: mejnfrejm)

Unter Computerfachleuten gebräuchliche englische Bezeichnung für große kommerzielle Computer (Datenverarbeitungsanlagen) in Fabriken, Behörden, Versicherungen, Verwaltungen und Forschungsinstituten sowie beim Militär.

Mikroprozessor

In ihm sind die Schaltkreise des Rechenwerks und des Steuerwerks auf einem Chip zusammengefaßt. Dieser Chip hat bestimmte einprogrammierte Fähigkeiten. Wegen seiner äußeren Form nennt man ihn unter Fachleuten auch zuweilen „Tausendfüßler."

Mikrospeicher

Elektronische oder elektromagnetische Datenspeicher bezeichnet man wegen ihrer hohen Speicherdichte als Mikrospeicher. Zu den elektronischen Speichern gehören Festspeicher und flüchtige Speicher. Zu den elektromagnetischen Speichern gehören Magnetbänder, Disketten, Wechselplatten und Festplatten. Der Hauptspeicher in der Zentraleinheit ist ein flüchtiger elektronischer Speicher und verliert die gespeicherten Daten, sobald der Strom abgestellt wird. Im Gegensatz dazu bleiben etwa auf einem Magnetband die Daten so lange erhalten, bis sie von anderen Daten überschrieben werden. Ebenso ist es mit dem elektronischen Festspeicher ROM, nur daß die Daten immer erhalten bleiben und nicht durch neue überschrieben werden können.

Modem

Siehe Akustikkoppler

Monitor

Computerbildschirm in einem eigenen Gehäuse. Auf einem solchen Datensichtgerät wird angezeigt, was wir in den Computer eingeben. Auf dem Monitor kann man sich vom Computer gespeicherte Daten anzeigen lassen oder das, was er ausgerechnet hat. Auch ein Fernseher kann als Monitor dienen, hat aber nie eine so gute Bildqualität wie ein spezieller Computer-Monitor.
Monitor nennt man auch jene Fernsehbildschirme, die in Überwachungsanlagen von Kameras angesteuert werden.

Optoskop

Phantasiebezeichnung für ein Beobachtungsgerät, das man benützen kann wie ein Fernglas, das aber auch als Infrarot-Nachtsichtgerät eingesetzt werden kann und obendrein den Bildinhalt elektronisch speichert.

Paßwort

Ein Kennwort, mit dem der Zugriff auf Programme und Datenbestände geschützt werden soll. Nur wer das Paßwort kennt, kann auf das System zugreifen. Ehrgeiz eines Hackers ist es, Paßwörter zu knacken. Ziel des Crackers ist es, durch Herausfinden des Paßwortes Daten und Programme sowie Computerdienstleistungen (Banküberweisungen!) für seine Zwecke illegal zu nutzen.

PC

Kommt von dem englischen Ausdruck personal computer – was ungefähr bedeuten soll: Computer für den persönlichen Gebrauch, im Gegensatz zu den meist größeren und noch viel leistungsfähigeren gewerblichen Computern (mainframe). Das bedeutet geringere Baugröße (tragbar), verhältnismäßig wenig Speicherplatz, d. h. zwischen 360 Kilobyte und höchstens 20 Megabyte (mit Festplatte), und einen meist erschwinglichen Kaufpreis (unter 10000,– DM).

Piepser

Kleiner tragbarer Empfänger, über den man von einer Sendezentrale oder von einem mobilen Transceiver aus mit Hilfe eines Ruftons (Piep) dem Träger signalisieren kann, daß er sich vom nächsten Telefon aus beim Rufer melden soll. Als Benutzer eines sogenannten Europiepsers kann man sich beispielsweise, falls beruflich nötig (Arzt, Minister, Chef), sogar am Atlantikstrand der protugiesischen Küste etwa von Berlin aus „rufen“ lassen.

Scanner (sprich: Skänner)

Englische Bezeichnung für ein Gerät, mit dem (meist automatisch) ein bestimmter Bereich von einem Ende zum anderen lückenlos abgetastet wird. Ein Funkscanner z. B. geht automatisch und regelmäßig einen bestimmten Empfangsbereich durch und hält an, sobald er auf einen Sender trifft, für dessen Empfang er programmiert ist. In dieser Geschichte geht es um den Empfang von Gehirnwellen, d. h. um einen „Gedankenscanner“.

Software

Damit ist die Gesamtheit aller Programme gemeint, die auf einer EDV-Anlage laufen. Es zählen dazu alle Programme des Betriebssystems, alle Dienstprogramme sowie alle Anwenderprogramme.
Ohne Software funktioniert kein Computer. Die Software erweckt den Computer erst zum Leben.
Als Beispiel für Software (Anwenderprogramme) kann ein Spiel- oder ein Lernprogramm angesehen werden. Betriebssysteme gehören zur sogenannten Systemsoftware. Der Computer benötigt sie, um Dienstprogramme, Anwenderprogramme oder Spielprogramme laufen zu lassen.

Systemzusammenbruch (auch Absturz)

Erfolgt durch einen Fehler in der Rechenanlage. Dieser Fehler kann von der Software verursacht werden oder von der Hardware. Folge dieses Fehlers ist, daß das Betriebssystem neu geladen werden muß, bevor weitergearbeitet werden kann.
Ein Hardwarefehler kann etwa durch einen plötzlichen Spannungsabfall oder eine Spannungsspitze im Stromnetz verursacht werden; ein Softwarefehler kann von einer endlosen Schleife in einem Programm hervorgerufen werden.

Tausendfüßler

Hacker-Ausdruck für Mikroprozessorbausteine, die mit ihren (bei größeren Exemplaren besonders zahlreichen) dünnen Anschlußstiften auf beiden Seiten ein wenig an ein vielbeiniges Insekt, eben an das Aussehen eines Tausendfüßlers, erinnern.

Terminal

Das Terminal ist ein Bildschirm mit Tastatur, der an einen Zentralrechner angeschlossen ist. Es handelt sich also nicht um einen selbständigen Computer, sondern nur um die Datenendstation eines Zentralrechners. Die eingegebenen Daten werden an diesen Zentralrechner weitergeleitet und dort verarbeitet. Genauso werden die Daten vom Speicher des Zentralrechners abgerufen und erscheinen auf dem Bildschirm des Terminals. Häufig sind Terminals dort anzutreffen, wo schnell aktuelle Daten benötigt werden, wie zum Beispiel auf Flughäfen zum Abfragen von freien Tickets.

Transceiver (sprich: Tränsßiewer)

Das Wort ist eine Verschmelzung der beiden englischen Begriffe Transmitter und Receiver. Transmitter heißt Übertrager bzw. Sender. Receiver heißt Empfänger.
Ein Transceiver kann senden und empfangen, so wie beispielsweise ein Handsprechfunkgerät. In diesem Sinne ist natürlich jeder per Modem ans Computerfernsprechnetz angeschlossene Computer ebenfalls ein Transceiver.

Transaktionscode

Siehe auch Code.

Mit diesem Verschlüsselungssystem werden im Computer Daten übertragen. Der Transaktionscode wird zum Transport von Daten zwischen unterschiedlichen Datenträgern eingesetzt, z. B. zwischen Festplatte und Diskette.

Zwischenspeicher

Daten, die momentan nicht unmittelbar für die Verarbeitung zur Verfügung stehen müssen, werden auf Zwischenspeicher ausgelagert. Als Zwischenspeicher kann eine Magnetplatte, eine Diskette oder auch ein Teil des Hauptspeichers dienen. Damit erreicht man, daß der Computer schneller arbeiten kann, weil nur die Daten im Arbeitsspeicher sind, die gerade zum Rechnen benötigt werden, während alle übrigen Daten ausgelagert sind. Sobald der Computer die Daten zur weiteren Verarbeitung braucht, muß er sie wieder einlesen.

CIP-Kurztitelaufnahme der Deutschen Bibliothek

Jordan, G. P.:
Computer-Krimi TRM / G. P. Jordan. – München;
Wien; Zürich: F. Schneider
Einheitssacht.: The Microkidz Mystery Adventures:
Computer Mind Games
‹dt.›

Bd. 2. Projekt Gedankenschnüffler / [Übers.: Nina
Winkler – de Lates]. – 1985.
Orig.-Ausg. u.d.T.: Jordan, G. P.: Computer mind games
ISBN 3-505-09110-3

8000 München 46 · Frankfurter Ring 150 · Wien – Zürich
Umschlaggestaltung: Design Team München, unter Verwendung einer
Illustration von Young Su Niedermeier
Übersetzung: Nina Winkler – de Lates
Lektorat/Redaktion: Thomas de Lates
ISBN: 3 505 09110-3
Bestell-Nr.: 9110
Originaltitel: THE MICROKIDZ MYSTERY ADVENTURES:
COMPUTER MIND GAMES
Erschienen bei: General Publishing Company Ltd., Ontario